希特勒與「第三帝國」興亡史話

郭恒鈺　著

三民書局

國家圖書館出版品預行編目資料

希特勒與「第三帝國」興亡史話 / 郭恒鈺著.－－初
版一刷.－－臺北市；三民，2004
　　面；　　公分
參考書目：面
含索引
ISBN 957-14-3855-3 （平裝）

1.希特勒(Hitler,Adolf,1889–1945)－傳記 2.德國
－歷史－1993–1945

743.257　　　　　　　　　　　　　　92020216

網路書店位址　http :// www. sanmin. com. tw

ⓒ　希特勒與「第三帝國」興亡史話

著作人　郭恒鈺
發行人　劉振強
著作財　三民書局股份有限公司
產權人　臺北市復興北路386號
發行所　三民書局股份有限公司
　　　　地址／臺北市復興北路386號
　　　　電話／(02)25006600
　　　　郵撥／0009998–5
印刷所　三民書局股份有限公司
門市部　復北店／臺北市復興北路386號
　　　　重南店／臺北市重慶南路一段61號
初版一刷　2004年1月
編　　號　S 740380
基本定價　柒元陸角
行政院新聞局登記證局版臺業字第○二○○號

有著作權‧不准侵害

ISBN　957-14-3855-3　（平裝）

自 序

　　從三十年代起，中國人對希特勒和納粹德國有一種「距離的美感」。一直到今天，在臺灣還有商家用希特勒的形象刊登商業廣告，也有政黨用以希特勒為主的電視廣告從事競選活動，認為「希特勒敢於說出自己的心聲」。聽聽希特勒來自心靈深處的「心聲」，看看納粹德國的本來面貌，也許是一件不無意義的事情。

　　有關「第三帝國」歷史的文獻浩瀚，德文專著及論文更是數不勝數。對於一個不以德國現代史為專業的中國人來說，撰寫「第三帝國」這樣一段複雜而影響深遠的歷史，很難進行全面的、個人的深入研究。著者主要是根據自己的研讀心得，選用有關文獻與專門論著，以及德國與英、美學者的研究成果。

　　德文的有關專著及論文，基本上是以德國讀者為對象；民族的性格和命運，過去和現在的政治環境，都是影響這些著作觀點和立場的重要因素，爭議亦多。對於沒有歷史包袱的中國讀者來說，在素材與論題方面又發生了取捨的困難；對於某些德國史學者熱中討論的問題，只有點到為止。在諸多局限的情形下，這本《希特勒與「第三帝國」興亡史話》的主旨是，扼要地敘述在希特勒世界觀的主導思想下，「第三帝國」的興亡，這不是一部論述納粹德國全面歷史的著作。著者深切希望這本《史話》能對讀者認識希特勒和「第三帝國」有些許幫助。

郭恒鈺

二〇〇三年三月，柏林

前　言

　　納粹德國一共存在了十二年 (1933–1945)，是一個短命的政權，但是這個政權卻徹底改變了德國和歐洲的整個面貌。

　　納粹政權垮臺已經五十多年了，但是一直到今天，無論在德國國內還是國外，「第三帝國」依然是一個爭議不斷的熱門話題。

　　就外國而言，一九九三年四月二十一日，美國首府華盛頓的「猶太人大屠殺紀念館」在美國總統柯林頓及三位前任美國總統、外國元首 (以色列總統、波蘭總統、捷克總統等)、外國政府代表出席的盛況下，隆重開幕。建造這個規模龐大的紀念館，這是美國國會的決議。建地由政府提供，建造費用一億六千八百萬美元，則是二十多萬美國人捐獻的。一九九三年以後，在美國的諸多大小城市，都逐漸建造了「猶太人大屠殺紀念館」。

　　一個國家的政府和人民，為了一個「少數民族」── 猶太人在外國所遭遇的一段悲慘歷史，如此這般大興土木，「樹碑立傳」，而且由國會決議，在古今中外的歷史上還是一件史無前例的事情。

　　在德國，從八十年代開始，少數德裔猶太人及德國知識分子提議，在柏林建造「歐洲猶太人大屠殺紀念碑」。沒人直接反對，但是顧左右而言他，爭議不斷，討論了有十年之久 ── 納粹政權一共才存在了十二年，終於在一九九九年二月二十五日，德國國會正式決議：在首都柏林建造「歐洲猶太人大屠殺紀念碑」。地點就在柏林政治中心布蘭登堡門的南邊 (北邊是國會大廈)，接近前希特勒的首相府。二〇〇三年

動工。預計於二○○五年五月德國投降六十週年完工揭幕。

在爭論是否建造「歐洲猶太人大屠殺紀念碑」達到高潮的時候，德國聯邦總統何作格於一九九六年一月四日宣佈：一月二十七日定為「納粹政權蒙難者紀念日」，因為一九四五年一月二十七日是奧什維茨集中營被解放的日子；德國人要永遠記住納粹政權的暴行，防止歷史重演。用中國話說，這是另外一種意義的「國恥紀念日」。

在德國南部的紐倫堡是「德國城市中最德意志的城市」。納粹黨在一九二七年、一九二九年以及自一九三三年起至二次大戰開始，每年都在此舉行「全國黨大會」，最多時有一百多萬人參加。戰爭末期，紐倫堡城有90%被盟軍飛機炸毀，但是手下留情，希特勒檢閱各種隊伍的廣場，完整無恙。「為了維持歷史面貌」，當地政府在原地建造了「全國黨大會廣場文獻中心」，於二○○一年十月底在聯邦總統出席的盛況下，隆重開幕。建造費用一共花了兩千萬馬克。

二○○二年一月中旬，由柏林歷史博物館主辦，且在以色列、波蘭以及美國有關單位的協助下，規模龐大的「猶太人大屠殺展覽」開幕，頗受各界重視。

德國聯邦政府在九十年代的十年中，在建造、經營和維護與納粹歷史有關的博物館、紀念館以及在德國本土的集中營等紀念場所方面，一共用掉了十億馬克。

在德意志民族的「千年歷史」中，納粹政權十二年是一個短暫的「瞬間」。但是上述最近數年來的幾件事例在在說明，在今天德國人的政治、社會和史學研究方面，短命的「第三帝國」和「猶太人大屠殺」依然是一個爭議不斷的熱門話題。在古今中外的歷史上，這是一個罕有的現象。

　　至於希特勒，一直到今天，也像一個幽靈在德國的土地上到處遊蕩，有時還興風作浪。納粹德國不能濃縮為希特勒一個人。但是沒有希特勒，不會有這個「遺臭萬年」的「第三帝國」，不會有征服生存空間的第二次世界大戰，更不會有滅絕歐洲猶太人的大屠殺這樣亙古未有的歷史浩劫。所有這些都與希特勒的「世界觀」有密切關聯。談論「第三帝國」，首先應該看看希特勒世界觀的本來面目。

希特勒與「第三帝國」興亡史話

目　次

第一章 希特勒的崛起

一、《我的奮鬥》？

一九二三年十一月，希特勒在慕尼黑策發暴動失敗後，在堡壘監禁期間，著書立說：《四年半來對謊言、無知和懦弱的鬥爭》(*Viereinhalb Jahre Kampf gegen Lüge, Dummheit und Feigheit*)。據說，與希特勒同時坐牢的一位戰友建議：書名要短小精悍，簡單明瞭，乾脆就叫 *Mein Kampf* 好了。從三十年代起，一直到今天，七十多年了，大陸和臺灣都把希特勒的這本「世界名著」譯為：《我的奮鬥》。

德語 Kampf 這個字可以譯為「奮鬥」，但是也有「戰爭」和「鬥爭」的意思，要看用在甚麼地方。「鬥爭」與「奮鬥」不同。文化大革命期間的「鬥爭大會」就不能說是「奮鬥大會」。《我的奮鬥》是一個望文生義的譯法，與原意相去過遠，是一個「歷史的誤會」。這本書，從頭到尾充滿了「血」與「劍」的字眼，殺氣騰騰，沒有一點努力向上「奮鬥」的意思。就書的內容而言，以及希特勒原書的題名來看，這本書的中文譯名應該是《我的鬥爭》。以下所述，是這本書的主要內容。

　　毛澤東說：「十億人口，不鬥行嗎?!」那是中國人跟自己人的內鬥。希特勒說：「誰想活著，就要鬥爭。在這個不斷格鬥的世界上，誰不想鬥，就沒有生存的價值。」（Adolf Hitler, *Mein Kampf*, 107.–111., Auflage, München 1934。希特勒，《我的鬥爭》，頁 317，德文本頁數）希特勒也要鬥，但是這是外鬥，是跟猶太人你死我活的鬥爭。

　　希特勒在分析德意志帝國於一九一八年垮臺的所有原因之後，認為一個具有「決定性的原因，就是沒有認清種族問題，特別是猶太人的危險」（《我的鬥爭》德文本（下略），頁 359；參見頁 310）。

　　「猶太人的危險」是什麼？這與文化、種族和血統有密切關聯。從種族的觀點來看，希特勒確信人類有三種文化角色：文化創造者、文化肩負者和文化破壞者。「只有亞利安人 [Arier，納粹用語，指北歐日耳曼種族] 可以說是第一類代表者」（頁 318），也是文化肩負者。「猶太人雖然表面上具有一切才智的特性，但是還是沒有真正的文化，特別是自己的文化。猶太人所擁有的表面文化，不過是在他們手中已經腐爛了的其他民族的財富。」（頁 331；參見頁 332、333）因此，猶太人是文化的破壞者。這是一千多年來，猶太人依附歐洲民族和混血所造成的結果。希特勒說，像日本這個亞洲的民族國家不會遭受這樣的命運（頁 723）；日本人雖然吸收了西方的科技文明，但能推陳出新，也算是文化肩負者（頁 318–319）。

　　根據希特勒的看法，文化的衰滅又與混血有關。混血違反自然，「混血和因而引起的種族水準下降，是古老文化衰滅的唯一原因。人類不會由於戰敗而滅亡，而是因為失去純潔血統而不再具有抵抗力量。」（頁 324）「關於這一點，歷史的經驗提供了無數可怕的顯明例證：亞利安人與低等民族的混血，其結果是文化肩負者的死滅。」（頁 313）換句話說，「一個血統純潔的民族，也就是對自己血統有自覺的民族，永遠不會被猶太人征服。在

這個世界上，猶太人將永遠是混血民族的支配者。」（頁 357；參見頁 359、443、629）希特勒這個說法的根據是，猶太人是吸血蟲（頁 340），是有害人體的寄生蟲。他說：「猶太人始終只是其他民族體內的寄生蟲。……不斷繁殖，是所有寄生蟲的典型現象；為了他們的種族，不斷尋找新的母體。」（頁 334）「只要這個寄生物出現，這個母體民族遲早就要死滅。」（頁 334）

除了猶太人是有害人體的寄生物這個認知之外，希特勒又指出：「猶太人今天是徹底破壞德國的大煽動者。在這個世界上，不論我們在何處讀到有關對德國的文字攻擊，猶太人就是背後的黑手。」（頁 702）「德國是今天布爾什維克主義下一個重要的鬥爭目標。」（頁 751）換言之，猶太人與德國人的關係是敵我關係，用希特勒的話就是：「跟猶太人無法妥協，只有堅定的勢不兩立。」（頁 225）「滅絕這個民族的煽動者，是一個有責任感的政府的義務。」（頁 185）希特勒決心從政（頁 225）。他說：「我對猶太人的抵抗，就是我為上帝的事業而搏鬥。」（頁 70）也是為人類而戰的神聖任務。

「猶太人的危險」是《我的鬥爭》這本書中的一個重點。但是在討論領土擴張問題方面，希特勒著墨頗多，是本書的一個中心題目，也與猶太人有密切關聯。

希特勒首先指出，納粹主義的世界觀，是從種族的原始因素來認識人類的意義。原則上，國家只是達到目的的手段。國家的目的是維持人民做為一個種族的存在。因此，納粹主義的世界觀決不相信種族平等，而是認為人類的價值有優劣的差別。從此一認知出發，並且基於支配此一宇宙的永久意志，這樣的世界觀具有促進優者、強者的勝利，要求劣者、弱者屈從的義務（頁 421；參見頁 433）。根據希特勒的世界觀，和平「是由一把使這個世界能為更高文化服務的統治民族手中的勝利之劍而奠定的」（頁 438）。

圖 1　希特勒——「德
意志民族的旗手」:「我
對猶太人的抵抗,就是
我為上帝的事業而搏
鬥。」

　　第一次世界大戰後,德國在對〈凡爾賽和約〉的態度上是:全國上下,
不分左右,同仇敵愾,一致對外。戰後的德國人熱切期望「強人」出現;
雪恥圖強,「還我河山」。自視為「民族救星」的希特勒首先指出:「一個國
家和民族收復失土的問題,永遠首先是重新獲得母國的政治主權和獨立的
問題。」(頁 688)「是共同行使祖國主權的人民使用武力手段的結果。」(頁
688)因為「被征服的國土不會由於激昂的抗議而回歸祖國,而必須動用具
有戰鬥力的利劍。鍛造這樣的利劍,是一個民族內政領導的任務,保證鍛
造作業的安全和尋找戰友,則是外交領導的課題」(頁 689)。

　　希特勒反對「還我河山」。他認為恢復一九一四年國境的要求是毫無意
義的。因為「當時的國境既沒有包括所有德意志民族,也沒有考慮到軍事
地理的需要;當時的國境不是熟思之後的政治行動」(頁 736;參見頁 688、

738)。另外，「就是恢復一九一四年的國境，也只有流血才能實現」(頁 738)。

　　希特勒不想動武來恢復一九一四年的國境，這並不是說希特勒接受現狀，「國境是人為的，也可以由人來改變。」(頁 740) 從這個立場出發，希特勒提出他對領土的看法：納粹「民族國家的外交政策是，保證在這個地球上被國家結合起來的種族的生存，使國民的數字及其增長跟領土的大小和資源取得一個健全的、有生存能力的和自然的比例關係」(頁 728)。因此，「納粹運動必須鼓起勇氣，無視『傳統』和偏見，集結德意志民族及其力量，向未來的道路前進，也就是走出今天我們民族之狹隘的生存空間，取得新的土地，從而永遠解除在這個地球上消失或淪為奴隸為其他民族勞動的危險。」(頁 732) 歷史就是一部不同民族為了爭取生存空間的鬥爭史。希特勒說：「我們從過去能夠學到的是，我們在對我們政治行動上所設定的目標，要從兩個方面著眼：我們外交政策的目標是獲得土地。至於在內政方面的行動目標是，打下一個嶄新的、以納粹主義世界觀之堅定的和統一的基礎。」(頁 735)「我們納粹黨人必須堅定地抓住我們的外交目標：在這個地球上確保德意志民族獲得相應的土地」(頁 739)。

　　這個世界雖大，但是已經沒有無主土地，如何擴張？希特勒說：「對德國來說，執行健全的領土擴張政策的唯一可能性，只有在歐洲尋求新的土地。殖民地不適合大規模的歐洲移民，而且就是在十九世紀，殖民地也不是不戰而獲的。因此，最好還是在家鄉的歐洲大陸為開拓土地而奮鬥到底。」(頁 153；參見頁 689，742) 因為「在這個世界上，神聖的權利就是有自己耕種的土地。神聖的犧牲就是為這塊土地而流出鮮血」(頁 754–755)。希特勒接著指出：「如果要在歐洲獲得領土，就只有犧牲俄國。在這種情形下，這個新的德意志國家又要走上過去騎士團的道路，用德意志的寶劍，使德意志的犁鑱得到耕作，以期供給國人每天食用的麵包。」(頁 154；參

見頁 743）希特勒警告說：應該認清的是，「此一目標只有在動武的情況下才能實現」（頁 153）。因此，德國要「放棄世界貿易和殖民地，放棄一個德意志的海上艦隊，把國家整體的權力、手段集中在陸軍身上」（頁 154）。

在擴張領土問題方面，從希特勒的論點中可以得到下面的結論：

① 「我們從六百年前停下來的地點出發，我們結束日耳曼人始終向歐洲南部及西部的移動，轉移視線到東部的土地。」（頁 742）

② 「如果我們說，今天在歐洲取得新領土，首先我們能夠想到的，就只有俄國及其周邊的附庸國家。」（頁 742）

③ 「人們不要忘記，國際主義的猶太人徹底統治了今天的俄國。」（頁 750）

④ 「從俄國的布爾什維克主義我們可以看到猶太人在二十世紀進行他們統治世界的嘗試。」（頁 751）

希特勒的世界觀有兩個主要内容：征服生存空間的擴張政策和種族的反猶太主義。兩者又有密切的内在關聯。對希特勒來說，征服生存空間的具體目標是，在俄國及其周邊附庸國家的廣大土地上，建立一個「德意志民族的日耳曼國家」（頁 362）。這是一個以血緣為主的德意志「民族共同體」。

「民族共同體」(Volksgemeinschaft) 是希特勒世界觀的核心思想，但是在《我的鬥爭》書中，希特勒沒有闡釋「民族共同體」的具體内容（頁 374）。在一九四〇年的一次演講中，希特勒說：民族共同體是一個「超越階級、地位、職業和教派，以及生活中所有其他各種混亂名目而崛起的德意志人的社會統一體。不問地位，不問出身，在血緣基礎上，經過一千多年的生命結合在一起，共同承受休戚與共的命運」。

根據希特勒的看法，在日耳曼時代，部族、氏族是造成内部分化的原

圖2　希特勒：「從俄國的布爾什維克主義我們可以看到猶太人在二十世紀進行他們統治世界的嘗試。」
一九三七／三九年在全國各地大城市張貼的「永遠流浪的猶太人」展覽海報。

因。日耳曼「英雄」阿米尼烏斯 (Arminius/Hermann der Cherusker) 未能實現統一。卡爾大帝雖然短暫地促成帝國的統一，但不久又因德意志大小諸侯、王朝的統治和宗教改革而導致四分五裂。俾斯麥（Otto Fürst von Bismarck, 1815–1898；首相：1871–1890）於一八七一年統一德國，但這個帝國於一九一八年也在革命的浪潮中消失了。在威瑪時代這個現代化的多元社會中，以自身利益為主的大小政黨和馬克思主義的階級組織，是破壞德意志統一的主要因素。從歷史的發展來看，德意志民族不是一個由於歷史發展而逐漸形成的民族，而是一個「血緣共同體」(Blutsgemeinschaft)。根據這個「血緣共同體」的理論，德意志人雖然經過歷史上的融合過程，但仍保留了統一的「種族細胞核」(Rassenkern)。這個「種族細胞核」要用「優生學」(Rassenhygiene) 的措施加以醇化，要從「遺傳學」(erbbiologisch) 的

立場來進行保護。因為日耳曼民族是文化創造者，也是文化肩負者，是高尚的「統治種族」。

血緣共同體的成員並不等於國家的公民。後者可以隨時退出國籍，或是申請歸化。血緣共同體也包括了德國疆土以外具有同一血統的德意志人。

民族共同體的構想，自十九世紀末期就已經在歐洲出現，並非希特勒的創見。但是根據希特勒的認識，納粹的民族共同體有三個特點：①要徹底實現德意志民族的內部統一。②堅守優勝劣敗的鬥爭原則。③維護亞利安人的血緣共同體 —— 這個「最寶貴的財富」。

希特勒要建立的這個「民族共同體」，是一個沒有階級、沒有宗教、沒有黨派、沒有個人的共同體，也是一個不斷進行生存鬥爭的共同體。馬克思主義的「理念」突出階級成分，希特勒的烏托邦注入了「血緣」因素。從意識形態來看，「血緣共同體」這個似是而非的理論，是納粹「第三帝國」的指導原則，也是希特勒進行征服生存空間戰爭與滅絕猶太人的主要動力。

有位學者說，希特勒認為，「德意志人必須回復神聖羅馬帝國時期的『自然 —— 野蠻人』的生活狀態，只有『野蠻人』才能直接為生存鬥爭。在『野蠻化』的政策中，反猶太主義與恐怖主義成為剷除異己的工具。」(郭少棠，頁198。文內引用專著的書名，請見：「引用書目」，頁209–216) 在希特勒的《我的鬥爭》及其世界觀中，找不到這個「野蠻人」論點的根據。

《我的鬥爭》第一卷於一九二五年七月十八日出版，副題是：「一次清算」。第二卷於一九二六年十二月十一日發行，是希特勒在提前釋放之後口述的，副題是：「納粹運動」。自一九三〇年起，兩卷合成一冊，共有七百八十一頁。至一九三三年一月三十日，也就是希特勒出任首相的那一天，一共賣出了二百八十七萬冊。到了一九四三年底總共銷出九百八十四萬冊。這是一本在德國打破紀錄的「暢銷書」；有十六種外文譯本，也算是「世界

名著」。

　　在《我的鬥爭》這本書中，關於希特勒的自傳部分以及黨的早期歷史，語焉不詳，漏洞亦多。但在種族論點、反猶太主義和征服生存空間方面，則直言不諱，也是希特勒掌權之後，在內政和外交方面的主導思想。希特勒活著的時候，《我的鬥爭》這本書，從頭至尾看過的讀者不多，認真讀過的人，不是奉為經典，就是未信以為真──這與希特勒無關。一個搞政治的人，在他取得政權之前，就著書立說，把他將來要實現的侵略野心和解決種族問題的決意，赤裸裸地立此存照，昭示於世，希特勒這種「先禮後兵」的做法，在中外歷史上確是前無古人的創舉。

　　自一九一八年希特勒決心從政之後，他要征服生存空間，要滅絕猶太人，要建立一個以血緣為主的德意志民族共同體。這是無視自法國大革命以來自由、平等、人權傳統的烏托邦。希特勒的「世界觀」不是他在堡壘監禁期間或是在慕尼黑地下啤酒館的即興之作，也不是一個「怪物」（德國一位知名的希特勒傳記著者說，希特勒是一個「怪物」）的空想。希特勒的「世界觀」是他在二十年代初期一個深思熟慮、自成一家的意識形態。從二十年代起，一直到一九四五年舉槍自殺，希特勒對他自己的「世界觀」信守不渝。對於這個「世界觀」形成的過程，值得「尋根」。

二、從維也納到慕尼黑

　　希特勒於一八八九年四月二十日生於奧國的邊境小城布勞瑙 (Brau-nau)。父親是海關職員，一九〇三年去世。希特勒中學九年級時，因為成績太差輟學，跟母親移住林茲 (Linz)。一九〇七年母親去世後，希特勒搬

到維也納。兩次想進美術學院，未被錄取。在維也納的前三年，希特勒沒有固定住所。不久，母親遺留下來的存款用光。根據奧國警察局的紀錄，自一九一〇年二月至一九一三年五月這三年，希特勒住在維也納的「男人收容所」。這是一九〇五年用一位猶太富豪捐款建造的樓房，有五百六十個床位，專門收容無家可歸的流浪漢。希特勒經常在閱覽室閱覽書報，大部分時間用來繪製風景畫片，賺點外快。希特勒在維也納的日子，不算「潦倒」，還能買站票欣賞華格納的歌劇。

希特勒在維也納五年 (1908–1913) 中的所見、所聞、所思，為他此後的「世界觀」打下了基礎。

根據希特勒在《我的鬥爭》書中的記述，他在維也納所看到的是：社會的貧困問題以及資產階級對於此一社會現象的無動於衷、馬克思主義的反民族主義和鼓吹階級鬥爭、文化道德的衰落，還有猶太人控制的報紙宣揚國際主義等病態現象。所有這些現象說明，奧國正處在一個自我解體的過程。希特勒特別指出，奧國是一個多民族國家，這些不同民族的離心力量促使國家內部的逐漸分化。因此，希特勒強調，以共同的血統為前提的「內部的同種性」，才能使一個民族在維持自我生存的鬥爭方面團結一致（《我的鬥爭》（下略），頁 76–78）。

基於此一觀察，希特勒特別注意當時奧國的「泛德意志運動」。希特勒認為，「泛德意志黨」的政治目標是正確的，但是手段錯誤。換句話說，這個黨沒有認清「群眾」在政治運動中的意義，也未注意社會的貧困問題，因而走上「合法的」議會政治路線（頁 106–108）。至於另外一個較大的政黨「基督社會黨」，既不知道自己所要追求的目標，也未認清種族問題的意義。對於該黨領導人呂格 (Karl Lueger, 1844–1910)，這位以反猶太主義出名的維也納市長，希特勒不無敬佩之意，但他認為呂格犯了兩大錯誤。第

一，呂格的反猶太主義，虛有其表，即不以種族主義為核心，只是強調宗教的因素。呂格的這種做法，顯然是因為奧國是一個多民族國家，投鼠忌器（頁 130-131）。第二，呂格要維持這個多民族國家，因而避免採取鮮明的民族立場（頁 132）。呂格的黨認識到群眾的意義，但是缺乏相應的政治內容，因而未能形成一股政治勢力。希特勒總結這兩個黨所犯的基本錯誤是：放棄自己的民族立場，沒有血肉內容的反猶太主義，無視社會的貧困問題，從而未能建立群眾基礎，從事鬥爭（頁 117-118）。

希特勒在口述《我的鬥爭》這本書的時候，重新檢討這兩個黨的失誤，確是「受益良多」（頁 110）。他說：「維也納是我人生的學校」（頁 137）。

希特勒在維也納的親身體驗是：「德意志奧國人」在日漸式微的哈布斯堡王室統治下的弱勢地位，以及他個人低下的社會處境。

根據希特勒的看法，高貴的德意志民族在奧國這個多民族國家中受到斯拉夫人的威脅。在這個國家的內部，諸多不同的民族自私自利，相互鬥爭。在這種情形下，應該進行自我保衛鬥爭，但德意志人毫無鬥志，逆來順受。希特勒認為在這種精神破產的病態現象背後，一定有一隻黑手操縱，坐收漁利。這個幕後黑手不敢進行正面的鬥爭，因此就只有間接地利用挫傷士氣的手段來整垮對手。這個「黑手」就是猶太人，而猶太人的政治工具就是馬克思主義。馬克思主義不僅煽動階級鬥爭，誘引工人背叛祖國，也是議會政治的先鋒。馬克思主義的目的是：「滅絕所有非猶太人的民族國家」（頁 185）。

在當時反猶氣氛濃厚的維也納，希特勒看到了兩個危險：馬克思主義與猶太人。在談到「泛德意志黨」脫離羅馬教會運動時，希特勒說：「如果猶太人問題沒有獲得解決，德意志的復生或崛起的一切嘗試，都是毫無意義和不可能的。」（頁 123）猶太人永遠是「人類的病菌」（頁 135）。

　　在維也納年代，希特勒是否已經是一個死硬的反猶分子，學者沒有定見。對於維也納年代，希特勒在《我的鬥爭》書中，不無美化之嫌。但是從希特勒的自述中，可以看出在他的反猶思想中，種族因素已經隱約可見。這個時候，希特勒已經是一個堅定的反猶太主義者，但還不是一個種族主義的反猶分子。

　　在維也納，希特勒親歷在哈布斯堡王室統治下奧匈帝國的式微。在慕尼黑，希特勒看到了「德意志問題」，並把未來的希望寄託在德國的前途上。

　　一九一三年三月十六日，希特勒得到林茲地方法院的通知，獲得父親遺產的部分現金，加上利息總共是奧幣八百一十九克朗和九十八赫勒。有了錢，希特勒於五月二十四日離開奧國，來到嚮往已久的慕尼黑。逃避兵役，不想為奧地利「盡忠報國」，也是動機之一。

　　在《我的鬥爭》書中，希特勒卻說他於一九一二年去了慕尼黑。原來一九一〇年，希特勒滿二十一歲，要服兵役；兩次逃避，未被發現。希特勒口述《我的鬥爭》時，他在德國南部已經小有名氣，為了避免引起奧國林茲警察局的注意，追查舊案，於是改寫來德年代。

　　一九一四年七月，歐戰爆發。當時希特勒二十五歲，沒有職業，沒有靠山，身無一技之長，前途暗淡。從軍，「以營為家」，也許是一條可行的道路。八月十三日，希特勒向巴伐利亞王提出書面申請，准許他這個奧地利人入伍參戰。希特勒說：「次日」獲准。這個說法有點離譜，但是獲准參戰則是事實。

　　一九一四年十月二十一日，希特勒隨軍出發，開赴戰場，受傷兩次。第一次是一九一六年十月七日，腿部受傷，來到柏林附近的野戰醫院療養。在療養期間，希特勒發現，士兵在前線奮勇死戰，但是沒有得到後方的支持。希特勒非常憤慨，因此高興能於一九一七年三月初返回前線部隊。但

圖3　第一次世界大戰期間，希特勒（右）是巴伐利亞第十六後備步兵團（不久改稱「李斯特步兵團」）的傳令兵。右下方的小白狗是從英國陣地跑到德軍防線的「投敵者」。希特勒收容了這隻英國獵犬，叫牠："Foxl"，在戰地「相依為命」三年，後來這隻小狗被人偷走了。希特勒喜歡狗，因為他認為狗對主人是忠誠的。

是到了年底，正當德軍準備發動攻勢，急需戰略物資的緊要時刻，軍火工廠在極左的獨立社會民主黨和工會的支持下，進行罷工，影響大局。對希特勒來說，軍火工廠的罷工行動和後方組織革命活動，是馬克思主義者實現了他們在內部進行「民族欺騙」的目的（頁 213–214）。

　　一九一八年十月十三～四日，希特勒遭受毒瓦斯攻擊再度受傷。一週後，轉入德國北部在巴斯瓦德的野戰病院。不久，希特勒獲悉德國戰敗。他說：「這是這個世紀的最大恥辱」（頁 213）。在《我的鬥爭》書中，有下面一段戲劇化的記載：十一月初，水兵譁變，由「一些猶太年輕人」帶頭，發動革命。十一月十日，一位牧師前來野戰病院，對傷兵說，霍恩佐倫王

室退位，戰爭失敗。這個德國由於戰敗，勢將難免遭受沉重的壓迫。停火
協定只有「期待在我們迄今的敵人的寬容下」接受。說到這裡，希特勒無
法再聽下去，回到自己的床位，悲從中來，抱頭痛哭。希特勒說，這是他
一生中自他母親逝世以後，第二次落淚。「現在我才知道，面對祖國的不幸，
個人的痛苦是微不足道的。」（頁 222–223）希特勒發誓：「我決心成為政治
家。」（頁 225）

　　從參戰的親身體驗中，希特勒得到兩點結論：第一，第一次世界大戰
不是塞爾維亞民族或奧匈帝國的命運問題，而是「德意志民族生死存亡」
的問題（頁 177、186）。第二，德國戰敗，不是軍事實力落後的結果，真
正的敵人不是來自戰場的外敵，而是後方的內敵；「家賊」搞鬼，導致民族
精神頹廢而失去抵抗力量。就內部敵人來說，希特勒指出兩點：第一，在
猶太人控制下的新聞媒體，沒有充分報導前方戰士的英勇奮鬥，壓低取勝
信心。最使希特勒憤慨的是第二點，德皇威廉二世跟馬克思主義妥協，從
而導致內敵的囂張放肆，為所欲為。帝國領導不懂馬克思主義的真正目的
是「滅絕所有非猶太人的民族國家」（頁 185）。馬克思主義是猶太國際資
本的發明，是猶太人的政治工具。

　　在維也納年代，希特勒的反猶思想，是間接地觀察所得。歐戰期間的
反猶思想，則是親身體驗的結論。換句話說，在維也納年代建立的反猶思
想基礎上，希特勒根據自己參戰的體驗，逐漸刻劃出他的「世界觀」。到了
一九一九年夏，希特勒把馬克思主義跟猶太人的仇恨結合起來，成為他「世
界觀」的主要內容。至於征服「生存空間」，是此後希特勒口述《我的鬥爭》
時才提出來的主題。歐戰的最後兩年，是希特勒發展意識形態具有決定性
的兩年。

　　第一次世界大戰是促使希特勒從政的起點。沒有這一次大戰的經驗和

後果——〈凡爾賽和約〉，希特勒和他領導的「納粹運動」，不會獲得用「合法手段」取得政權的契機。

三、十四點主張

一九一八年十一月二十一日，希特勒出院，返回慕尼黑。

當時的政治情況是，十一月初德國北部發生水兵譁變。十一月九日，德皇流亡荷蘭，戰後德國陷入權力真空狀態。次日，社會民主黨及極左的獨立社會民主黨在柏林合組「人民代表委員會理事會」的過渡權力機構。但是在獨立社會民主黨內的左翼「斯巴達克同盟」不滿合作，於同年十二月三十一日成立了「德國共產黨」，接著於次年一月五日至十二日在柏林發動巷戰，被臨時政府動用反共的志願軍鎮壓下去。

水兵譁變以後，在德國南北各地都有士兵、工人代表委員會這種組織的成立。十一月七日，動亂火焰蔓延到慕尼黑。次日推翻巴伐利亞的王朝統治。獨立社會民主黨人艾思納 (Kurt Eisner, 1867–1919) 出任巴伐利亞邦總理。艾思納是獨立社會民主黨在慕尼黑的黨主席，猶太人。一九一九年二月二十一日，被一名極右的民族主義分子暗殺，引起共產黨人、左翼分子以及無政府主義分子的不滿。為了保障「革命成果」，他們於一九一九年四月七日在慕尼黑宣佈成立「蘇維埃共和國」。慕尼黑的德共，自本年三月起，由一位來自莫斯科的共產黨幹部雷維諾 (Eugen Leviné, 1883–1919，猶太人) 領導。五月一日，柏林的臨時政府又動用反共的志願軍，開進慕尼黑鎮壓「革命」。次日，短命的「蘇維埃共和國」垮臺。

慕尼黑「蘇維埃共和國」的「革命」時間不長，卻引起巴伐利亞人們

對布爾什維克主義的深刻認識與不安,更加仇恨出賣民族利益的共產黨人。由於當時共產黨及獨立社會民主黨的一些領導人都是猶太人,因此反布爾什維克主義與反猶太主義又是同義語。

德國戰敗後,一九一八年,希特勒想要當政治家。決心從政,只能算是意思表示,還沒有從政的任何條件。但是一九一八年的「十一月革命」和一九一九年四月的「蘇維埃共和國」事件,對希特勒政治思想的發展,深具影響,也提供了從政的機緣。

一九一八年十一月,二等兵希特勒返回慕尼黑,又回到戰前參戰的處境:年近三十,已經「而立」,但是沒有職業、沒有靠山;身無一技之長,前途暗淡。一九一九年上半年,希特勒都幹些什麼? 這是《我的鬥爭》自述中,語焉不詳的一部分。希特勒說,他當時是一個「無名小卒」(《我的鬥爭》(下略),頁 226),設法留在部隊,還是要走「以營為家」這條路。希特勒返回慕尼黑不久,就被編入第二步兵團後備營第七連隊。

由於「蘇維埃共和國」事件,慕尼黑的軍方單位於一九一九年五月初組織「調查委員會」,調查「第二兵團的革命經過」,也就是徹底調查此一團隊中與左派革命分子合作的士兵姓名。同時又設立情報處,主要的工作之一就是對士兵進行思想上的宣傳教育。因此,從六月開始,開辦反布爾什維克主義的政治訓練班,負責人是麥爾上尉 (Karl Mayr)。希特勒奉命參加受訓。在這裡,希特勒第一次接受政治教育,有機會聆聽名人授課,其中之一就是費德 (Gottfried Feder, 1883–1941)。

費德是一位激進的反猶太主義者,一個業餘的「經濟專家」,主張打破利息奴役制。從費德的多次講演中,希特勒得到啟示,初次認識到: 國際的股票資本及貸款資本對國民經濟是有害的; 國際的猶太財團利用「利息奴役」、「貸款資本」的手段,控制國民經濟。此後希特勒堅決反對資本主

義，但與馬克思主義的反資本主義不同。希特勒對促進國民經濟的資本與
國際的投機資本加以區別，認為後者不僅是猶太人製造戰爭的黑手，也是
造成戰後德國經濟蕭條的罪人。

　　當時慕尼黑軍方對於左翼、右派政黨社團的動態相當注意。一九一九
年九月十二日，麥爾上尉指派「線民」希特勒參加「德意志工人黨」的一
次集會，提出觀察報告。在主講人報告之後的討論中，希特勒情不自禁，
激烈發言，引起在場的德雷斯勒 (Anton Drexler, 1884–1942) 的注意。德雷
斯勒是德意志工人黨兩個創始人之一。在離開會場時，他交給希特勒一本
小冊子，是他自己寫的《我的政治覺醒 —— 一個德意志工人的日記》，過了
幾天，又書面表示歡迎加入他們的行列。希特勒在這本小冊子中看到一些
論點，正是他多年來的親身體驗，頗有同感。

　　德意志工人黨徒有虛名；沒有組織，沒有黨綱，也沒有任何可以從事
政治活動的資源。但是希特勒發誓要做政治家，要爭取群眾就首先要對群
眾進行宣傳工作。對於還是「無名小卒」的希特勒來說，德意志工人黨無
疑提供了一個政治活動的場所。「經過兩天痛苦地思索」，希特勒決定入黨
（頁 244）。在德國史學著作中，關於希特勒加入「德意志工人黨」的日期，
論點不一。一九一九年九月，是一個可信的說法。

　　一九一九年九月十六日，領導麥爾上尉指示希特勒代筆函覆一位訓練
班學員的來信。這是希特勒論述猶太人問題最早的一篇文字紀錄，值得引
述。希特勒開門見山，首先指出：反猶太主義作為一個政治運動，不能由
一時的情緒而定，而是取決於對事實的認識。「事實是，首先猶太民族絕對
是一個種族，而不是一個宗教共同體。」猶太人從來不把自己視為猶太德國
人、猶太波蘭人或是猶太美國人；他們總是說：德國猶太人、波蘭猶太人
或美國猶太人。除了語言之外，猶太人從不吸取其他民族的任何東西。猶

太人的鬥爭手段是公共輿論，但是他們從不透過新聞媒體直接表達，而是使用操縱或偽造新聞的手段。猶太人的權勢，就是金融勢力，也就是在他們手中永遠不斷增長的利息。基於這些事實，出於純情感原因的反猶太主義，最後只能用對猶太人進行暴力的迫害方式表達。「理性的反猶太主義必須要進行有計畫的、有法令的制壓和解除猶太人的特權。……這種反猶太主義的最後目標必須是堅定的根除猶太人。」只有一個由民族勢力構成的政府，才能完成這兩項任務，一個軟弱無力的政府是辦不到的。談到政府，希特勒在覆信的結尾時說：在德國的共和政府，不是德國人民共同的民族意願。改朝換制，並不能改變德國的處境，只有全力實現整個民族的道德和精神力量的再生。

希特勒在《我的鬥爭》書中籠統地指出，他在「一九一九年」提出了十四點主張。

根據希特勒的看法，在接受〈凡爾賽和約〉以後，德國的首要任務是重新獲得國家主權和民族獨立。這是解決一切問題的前提。為了達到這個目的，既不能興兵動武，也不能撕毀條約，而是首先要喚醒生存鬥爭的民族意識。在內部有了統一的意志，才能全力對外。這又要以廣大群眾（包括工人）為基礎，形成一股政治力量，推展「運動」（希特勒很少使用「革命」這個字）；誰能控制群眾，誰就能操縱民族的命運。馬克思主義的群眾運動是國際主義的「工人無祖國」。希特勒要把群眾從國際主義的陣營中拉回到民族主義的「民族共同體」，因此提出「群眾民族化」的鬥爭策略。

「十四點主張」，在有關希特勒的論著中很少提及，內容摘要如下：

① 「為了民族的崛起，不惜任何社會犧牲爭取群眾。」

② 對廣大群眾進行國民教育的前提是，提高群眾的社會處境，使他們也能分享民族的文化財產。

③強調所謂客觀立場，不可能達到群眾民族化的目的。對於已經設定
　的目標，要採取不寬容的、狂熱的片面立場。

　在這個地球上，不論任何時代，鉅大的革命原動力很少是控制群眾
　的學術性認知，而是一種鼓舞群眾的狂熱，有時這是一種驅使群眾
　前進的歇斯底里。總之，誰想獲得群眾，誰就要掌握打開群眾心靈
　的鑰匙；它不是客觀的、無力的，而是意志的力量。

④「我們的群眾民族化，只有在為了我們民族靈魂而進行的所有政治
　鬥爭中，滅絕國際毒殺黑手的情況下，才能成功。」

⑤「如果對於種族問題，也就是對猶太人問題沒有明確的認識，德意
　志民族的再起是不可能的。種族問題不僅是認識世界歷史的鑰匙，
　對於了解人類文化亦然。」

⑥民族陣營的內部整合不是目的，而是爭取非民族陣營同步進行鬥爭，
　這又是一個決定整個運動有關戰術態度的觀點。

⑦宣傳的內容與形式要以廣大群眾為對象，宣傳的正確與否，胥視效
　果如何。

⑧一個政治改革運動的目標，只有在獲得政權的情形下才能實現。

⑨這個年輕的（納粹）運動，從其本質及內部組織來看，是反議會主
　義的，拒絕多數表決的原則，主張在肩負最高責任的原則下，實行
　絕對的領袖權威。

⑩這個運動，對於自己政治活動以外的問題或是不具有原則性的問題，
　拒絕表示立場，承認新舊基督兩教是在德意志民族存續方面貴重的
　柱石。

⑪一個運動需要有組織，但是內部組織的建立不是基於原則性的考慮，
　而是以實際運用為目的。地方組織的建立，要看有無「能幹的頭腦」；

如果沒有，寧缺勿濫。

⑫一個運動的未來，取決於追隨者的狂熱和不寬容的態度，也就是確信此一運動所代表的理念是唯一正確的，面對其他類似的組織堅持到底。

基督教的偉大之處，就在於對自己教義之不寬容的、狂熱的傳佈和辯護。

⑬猶太人在自己的報紙中從不說真話，總是造假。「猶太人是最大的說謊高手，欺騙是他們的鬥爭武器。」

⑭此一運動的目的是，用一切手段促進對偉大人物的崇敬。因為就是這些偉大的個別人物創造了可貴的理念和業績。一個民族如果放棄對偉大人物的崇拜，就是放棄他們本身的力量泉源。只有猶太人說這是不值得的「個人崇拜」。（頁 369–388，十四點主張全文）

希特勒在《我的鬥爭》書中的另外一處指出，在德國歷史上只有三個偉大的德國人和改革者，可以做為楷模：普魯士的菲特烈大王 (Friedrich der Grosse, König von Preussen, 1712–1786)，馬丁‧路德 (Martin Luther, 1483–1546) 和音樂家華格納 (Richard Wagner, 1813–1883)（頁 232）。

從希特勒一九一九年九月十六日的上述「覆信」和同年提出的「十四點主張」中，我們可以得到下面三點結論：

①希特勒在「覆信」中強調「理性的反猶太主義」的最後目標必須是「根除猶太人」。在十四點主張中要求「滅絕國際的毒殺黑手」，也就是猶太人。又說：沒有認清種族問題，即猶太人問題，德意志民族的再起是不可能的。從希特勒在「覆信」和「十四點主張」中的文字表示，可以肯定的說，早在一九一九年，時年三十，「滅絕猶太人」已經是希特勒「不可動搖的意志」，是希特勒「世界觀」的核心

思想。

②希特勒在「覆信」中指出：只有由一個民族勢力構成的政府，才能
　完成「根除猶太人」的歷史任務。在「十四點主張」中表示：為了
　實現理念，首先必須獲得政權。

　希特勒決心從政，決心獲得政權，也決心「滅絕猶太人」。

③在獲得政權之前，首先要推展「運動」，前提是爭取群眾，因此要採
　取「群眾民族化」的鬥爭策略，即對群眾進行喚起民族意識和以猶
　太人為敵的思想宣傳。基於這個鬥爭策略，從此希特勒把全部精力
　放在演講宣傳活動上。

　從一九一八年十月在巴斯瓦德野戰醫院決心從政，到一九一九年九月
加入「德意志工人黨」從政開始，這不是希特勒深信自己有拯救德意志民
族的歷史使命或是有超人的政治才能，從而走出軍營，下海從政，而是德
國戰後的大氣候、慕尼黑的反動氣氛，還有「德意志工人黨」都為希特勒
的「從政」提供了有利條件，可以說是「時勢造英雄」。

四、民族社會主義德意志勞動者黨

　德意志工人黨於一九一九年一月五日在慕尼黑成立，有二十多人參加
成立大會，正是慕尼黑左翼革命進入高潮之際。德意志工人黨建黨初期，
還沒有黨的組織和黨綱，是一種德國人在啤酒館定期聚會清談論政的政治
社團。「德意志工人黨」這個名稱是德雷斯勒——自一九二〇年一月接任黨
主席——選定的。「德意志」意在突出民族意識，民族主義是結合德意志民
族所有階級的「紐帶」。「工人黨」的用意是，化解工人與國家的緊張關係，

也是對抗馬克思主義者用社會主義口號爭取工人進行階級鬥爭的一個政治社團。德雷斯勒的口號是:「民族的社會主義」。

德意志工人黨是納粹黨(參見頁24)的前身。德雷斯勒第一次使用「民族的社會主義」這個名詞,但這不是他的創見。「民族的社會主義」(Nationaler Sozialismus) 是十九世紀末期工業化後,中產階級針對社會主義者傳播的國際主義和階級鬥爭思想,提出用民族主義與「德意志的社會主義」結合的對策。這裡所說的「社會主義」,不是原則上用改變私有財產制來消除社會各階層的對立,而是提高廣大群眾(包括工人)的社會福利與地位。十九世紀末期,在走「德意志社會主義道路」的口號下,也興起一股反資本主義的潮流。在這種思潮的大氣候下,在德國各地出現了突出民族主義的大小社團,德意志工人黨就是其中之一。

這個時候,「民族主義」有了新的內容:不僅對外應有強權地位,而且在內部也是對抗政敵及排除異己的手段。「民族的社會主義」就是用民族主義統一內部意志,對抗社會主義的無產階級和消除由猶太人控制的國際金融資本。

一九二〇年二月二十四日,德意志工人黨召開第一次黨大會。一星期後,德意志工人黨更名為: Nationalsozialistische Deutsche Arbeiterpartei。

現在談談這個黨名的中文翻譯問題。在大陸和臺灣出版的有關納粹論著中,基本上有兩種譯法:

①「國家社會主義德國工人黨」。

②「國家社會主義德意志勞工黨」。

這種譯法,有三個「關鍵詞」,應予澄清:「國家社會主義」、「德國」及「工人」/「勞工」。

希特勒在《我的鬥爭》書中指出:更改黨名的主要原因是,跟其他「民

族主義的」政治社團在意識形態上劃清界限（《我的鬥爭》（下略），頁 398-399）。但是對於新的黨名沒有進一步的解釋。

　　一九二〇年八月十三日，希特勒在「為什麼我們是反猶太主義者?」的演講中說：社會主義的最後見解就是義務，倫理意義的義務就是工作。這種意義的社會主義只能在亞利安人的民族和種族之中才能找到。「因此，社會主義也不能跟民族主義分開。對我們來說，民族主義的意義不是屬於這個黨或那個黨，而是檢驗每一種行為是否對整個民族有利，是否毫不保留的熱愛整個民族。」

　　一九二三年十月十四日，希特勒在一次演講中，從世界觀的立場再度強調：「我們黨的世界觀是純粹的民族主義；社會主義和種族問題的認知是它的兩大支柱。」

　　一九二八年十一月十六日，希特勒在柏林的一次黨大會上說：「納粹黨給自己設定的目標是，把民族主義和社會主義這兩個概念從它們現有的意義中提煉出來。民族的，就只能是為自己民族後盾的人。社會主義者，則只是能夠對外支持自己民族權利的人。在這種情況下，納粹黨不再是資產階級的或無產階級的，而是一群真心真意要建立民族共同體的人們，拋棄階級驕傲和自負，俾能共同鬥爭。」

　　民族主義與社會主義本來是兩個對立的意識形態，把兩者結合起來使「民族社會主義」(Nationalsozialismus) 成為一個新的力量，用來消除民族主義中產階級與馬克思主義無產階級的對立，從而建立一個沒有階級、沒有政黨、沒有宗教、沒有個人的民族共同體；有思想的「頭腦」與有力量的「拳頭」合作，一致對外。

　　從上述德意志工人黨建黨前夕的思潮和希特勒在二十年代的詮釋來看，新的黨名的 "Nationalsozialistisch(e)" 應該是「民族社會主義」，不能譯

為「國家社會主義」。

新黨名的第二部分「德意志」是個形容詞,不能譯為「德國」。兩者的區別,可以從下面的實例得到解答。一八七一年,俾斯麥創建「德意志帝國」。普魯士王威廉一世拒絕接受「德意志皇帝」(Deutscher Kaiser) 這個沒有內容的空銜,他要當「德國皇帝」(Kaiser von Deutschland)。俾斯麥堅決反對,因為這個稱呼含有實現「大德意志方案」的涵義。直到一八七一年一月十八日皇帝登基典禮的前一天,威廉一世才勉強讓步。這個例子說明,「德意志」這個形容詞與「德國」不是同義語。

至於 "Arbeiter" 這個字是「工人」,但也有「工作者」、「勞動者」的意思。德雷斯勒創建「德意志工人黨」,希特勒繼承了「工人黨」這個名稱,但不久他對 "Arbeiter" 這個名詞又有了新的詮釋。在上面提到的一九二八年十一月十六日的演講中,希特勒接著說:「在這個沒有社會階級的民族共同體中的每一個成員,都是為整個民族從事創造和工作的勞動者。因此,納粹運動稱為『勞動者黨』(Arbeiterpartei) 是值得驕傲的。」對希特勒來說,用腦和用手工作的人,都是「德意志的勞動者」。

根據以上所述,在希特勒領導下的這個政黨名稱的中文譯名應該是「民族社會主義德意志勞動者黨」。為了行文方便,本書以下使用「納粹黨」的簡稱代替上述全名。「納綷」(Nazi) 是「納粹黨人」的略稱,是在西方著作和媒體中對「民族社會主義德意志勞動者黨」人的一個具有負面意義的用語。在德國史學著作中,一般還是避免使用這個簡稱。

一九一九年秋,希特勒加入德意志工人黨的時候,這個小黨還是一個沒沒無聞的政治社團。每次參加集會的人最多不過百餘人。但是由於希特勒積極的宣傳演講活動,特別是他的演講天才,在不到四個月的時間,不僅希特勒個人在慕尼黑及其周圍已經是一個小有名氣的人物,德意志工人

黨的影響也與日俱增。

　　一九二〇年二月二十四日，德意志工人黨召開第一次黨大會，有兩千
多人參加。在大會上，希特勒是主講人之一，並且他也宣讀了「二十五點
綱領」，全場一致通過。在大會上，希特勒說：「我們的口號只有一個：鬥
爭。我們要勇往直前，絕不動搖的走上實現（綱領）目的的道路。」

　　「二十五點綱領」的全名是：「民族社會主義德意志工人黨的基本綱領」。
在印出的文件上，「民族社會主義」字樣是在「基本綱領」與「德意志工人
黨」（粗體黑字）之間的一行細小字體。大會後一星期才正式更名為「民族
社會主義德意志勞動者黨」。

　　「二十五點綱領」的主要內容如下：

　──①建立一個德意志人的強國。②廢除不平等的〈凡爾賽和約〉。③
　　　獲得相應的土地，維持德意志民族的生存。④只有擁有德意志
　　　血統的人才能稱為「民族同胞」，才是公民；猶太人除外。⑥只
　　　有公民有權享受公民權利及擔任公職。

　──⑪廢除利息奴役制。⑫禁止發國難財。⑬托拉斯國有化。⑭分配
　　　大企業的利潤。⑮增加老年年金。

　──⑰「我們要求針對我們民族的需要，實行相應的土地改革，制定
　　　為公益目的而無償沒收土地的法令，廢除土地租金，防止投機
　　　活動。」（一九二八年四月十三日，納粹黨針對外界對第十七點
　　　的攻擊，發表一篇由希特勒署名的簡短聲明，說：納粹黨堅持
　　　土地私有原則，「無償沒收」係指非法獲得或違反公益目的而使
　　　用的土地。第十七點主要是防止猶太人在土地買賣方面的投機
　　　活動。）

　──⑱違害整體利益的害群之馬，處以死刑。⑳國家有責任發展國民

教育。㉑注意國民健康。㉒成立人民軍隊。

——㉓「我們要求針對透過新聞有意散佈的政治謊言，進行有法令的鬥爭」。所有德文報紙的主筆及工作人員一定要是「民族同胞」。「非德意志的報紙」要有官方許可。

——㉔宗教信仰自由，但不能危害國家的生存和牴觸日耳曼種族的倫理與道德。

——㉕為了實現此一綱領，必須樹立強大的中央集權。

「黨的領導人保證：如有必要，為了實現上述綱領，不惜個人生命，全力以赴。」

德國史學界對於參加制定「二十五點綱領」的人物，沒有肯定的說法。有的學者相信，前面提到的費德是草擬綱領的人。也有人說，這是德雷斯勒和希特勒兩人的「傑作」。

有關經濟內容方面的幾點，費德的影響是可以肯定的。從內容來看，德雷斯勒的貢獻微不足道。在判斷「二十五點綱領」的著者問題上，應該考慮下面的事實。

在一九二○年二月二十四日德意志工人黨的黨大會上，希特勒是主角；他親自宣讀、闡釋「二十五點綱領」，並且堅定地說：「絕不動搖的走上實現（綱領）目的的道路。」一九二一年七月，希特勒接任黨主席，在大會上鄭重宣佈：一九二○年黨大會通過的「二十五點綱領」是「不容改動的」。希特勒於一九二四年口述《我的鬥爭》第一卷結尾時，對於「綱領的起草」、「綱領的最初說明」以及「運動走上發展之路」各節有很詳細的追述（頁403–406），並且強調：「這是民族社會主義的根據，也是未來國家的基礎。」（頁 404）一九二六年五月二十五日，希特勒繼任黨主席，並藉此機會再度肯定一九二○年通過的「二十五點綱領」。

　　希特勒以黨領導人的身分，一而再，再而三的強調這個綱領是「不容改動的」，是建設未來民族社會主義國家的根據。希特勒對於此一綱領的重視，異乎尋常。另外，從綱領的內容來看，特別是第一至第六點、第十七點及補充說明、第二十三點、二十四點、二十五點都反映了希特勒當時的政治構想。與一九一九年提出的「十四點主張」也有相似之處。總而言之，這個「二十五點綱領」可以視為希特勒一九二〇年政治構想的產物。

　　有些德國學者說，「二十五點綱領」是一個以中下階層為對象的各種當時政治口號的大雜燴。但是應該指出的是，這個綱領是把民族主義思想和社會主義的要求結合起來的嘗試。這一點也可以從納粹黨旗的設計得到證實。

　　一九二〇年初，希特勒效仿共產黨人，親自研製黨旗，用為納粹運動的象徵。根據《我的鬥爭》，希特勒決定的黨旗是滿地紅，中間是一個白色圓圈，圈內是一個黑色萬字符號卐（頁 556）。

　　饒宗頤教授在一篇論文中說：「卐字是世界流行最廣泛、最繁複的一個符號，是人類文化史上代表吉祥美好一面的具體而微的表識，有人說它是太陽的象徵。在未有文字之前，這個符號在史前新石器時代早已普遍存在，且分布及於西亞、小亞細亞、希臘、印度，⋯⋯又為世界不同宗教所吸收，形形色色的器物上都把它作為紋樣使用，以代表吉利的記號。」（饒宗頤，頁 46）

　　萬字符號有左旋和右旋的區別。佛教的萬字符號是左旋卍（西藏喇嘛教則為右旋），玄奘譯為德字，意為吉祥瑞相。希特勒選定的萬字是右旋卐，是日耳曼人在基督教化後使用的幸運象徵。根據希特勒在《我的鬥爭》中的解釋是：紅色象徵納粹運動的社會思想，白色代表民族主義的思想，黑色萬字符號則指出取得亞利安人種勝利的鬥爭使命，而且永遠是一個反猶

圖4　佛教的萬字符號是左旋卍（西藏喇嘛教則為右旋），玄奘譯為德字，意為吉祥瑞相。

圖5　一九三三年十一月十三日，希特勒為了紀念一九二三年慕尼黑暴動，捐製全金納粹黨徽，贈與「老戰友」。

納粹黨徽的萬字是右旋卐，與佛教的萬字左旋相反。

太主義的使命。希特勒說，從這個黨旗可以看出納粹運動的綱領（頁 557）。自一九三五年九月十五日起，納粹黨旗成為正式的「國旗」。

　　一九二〇年一月五日，還在德意志工人黨召開第一次黨大會之前，希特勒接任該黨「宣傳部主任」的職務。

　　根據統計，自一九二〇年一月十六日至年底十一月二十四日，德意志工人黨（自二月起更名為：民族社會主義德意志勞動者黨）一共舉辦了四十五次集會；希特勒個人演講二十次，與其他人士聯合登臺七次，共二十七次，超過半數，有時聽眾多達兩千餘人。這個時候，一九二〇年一月，這個小黨只有一百九十名黨員，到了年底就達到兩千人，至一九二一年八月，已經有了三萬三千多黨員。希特勒是促使此一迅速成長的主要動力。

　　一九二〇年三月三十一日，希特勒自軍中退役，沒有正式工作。這回是「以黨為家」，全力推展宣傳工作。希特勒的演講題目，多半是評論時政、納粹黨綱、財政經濟、〈凡爾賽和約〉以及德國的處境等等。關於猶太人問題，只談了三次，內容平常。但是希特勒於一九二〇年七月三日在寫給黨的同路人賀爾 (Konstantin Hierl, 1875–1955) 的一封私函中，表達了他仇恨猶太人的原因。希特勒用細菌學的比喻來說明他為甚麼一定要滅絕猶太人：「在猶太人問題方面，我們的立場是堅定不移的。猶太人……是分解的酵素，作為寄生物滲入不同的種族。這是所有種族內部瓦解的原因。他的活動是以他自己種族的目的為準則。對於一個結核病菌，我很難因為它的活動而提出指責，但對人來說，這個病菌就表示毀滅。從病菌的本身來看，它要維持生命。正因為如此，我是被迫的，也是有權利的，為了我個人的生存對這個肺結核進行滅絕病原體的鬥爭。猶太人在過去千餘年來，他的活動一直就是不同民族的種族肺結核，對它的鬥爭就是滅絕它。在清除這個病原體之後，才能開始對猶太精神及拜金主義進行鬥爭。」一個多月後，

希特勒在一次黨大會上講述：「為什麼我們是反猶太主義者？」他說：現在到了建立黨組織走向行動的時刻。「我們的行動目標是堅定不移的，就是：從我們的民族中清除猶太人！」

希特勒這個「病原體」和「種族肺結核」的比喻，是一個似是而非的說法，不足服人。因此，希特勒在口述《我的鬥爭》時，不再重複，只強調猶太人是有害人體的寄生蟲。

在反猶太主義方面，希特勒都受到什麼影響？在史學著作中，多是推測，可靠的資料不多。希特勒自己提過一次：「我在維也納的早期青年時期，仔細研讀過《猶太人手冊》（參見四／二、反猶太主義）。我確信，就是這本書對我發生了特別作用，對民族社會主義的反猶太運動打下了基礎。」

自一九二〇年下半年開始，希特勒對猶太人的仇恨升級，注意力逐漸轉移到俄國──「猶太人的布爾什維克主義」。

一九二〇年十二月，獨立社會民主黨的左翼分子加入共產黨，使這個不成氣候的「德國共產黨」突然成為一個具有影響的群眾政黨。以黨員數字來說，德共在一九二〇年十月只有七萬八千名黨員，到了一九二一年三月，就增至三十五萬九千人。對德國的內政發展是一個嚴重的威脅。希特勒認為，這是猶太人、國際主義和無產階級動力的匯合；布爾什維克的十月革命，就是猶太人在俄國奪取政權。

一九二二年六月，希特勒說：「對抗布爾什維克主義是德意志民族的使命」，就是「對抗我們的死敵：猶太人！」同年十月又說：「德國的布爾什維克化，……不外是整個基督文化和歐洲文化的徹底毀滅。」因此，民族社會主義的目的非常簡單：「馬克思主義世界觀之粉碎與根絕」。

希特勒在口述《我的鬥爭》第二卷最後一章「東方政策」的時候，接受頗有名氣的「漢堡民族俱樂部」的邀請，於一九二六年二月二十八日在

漢堡有名的「大西洋旅館」對該俱樂部的會員發表演講。這個俱樂部約有四百五十名會員，都是高級軍官、行政官僚、律師及企業界的知名人士。這與慕尼黑地下啤酒館的小市民聽眾完全不同。希特勒懂得「心戰」，對「人」下藥。

在近兩小時的演講中，希特勒根本不談猶太人問題。演講的主題只有一個：馬克思主義。希特勒強調：「德意志再起的問題，就是在德國滅絕馬克思主義世界觀的問題。如果這個世界觀不被根除，德國永遠不會飛黃騰達，就像你無法使一個患有肺結核不治之症的人使他獲得健康一樣。……問題不是這個或那個黨在下次選舉中誰獲勝，問題永遠是：我們能否根除我們民族的內疾。」希特勒說，從這個認知出發，納粹運動的任務是：「粉碎和滅絕馬克思主義的世界觀」。為了實現這個任務，必須不擇手段。首先要爭取群眾，也就是從馬克思主義的陣營中，把那些誤入歧途的廣大群眾拉回來；這是「以毒攻毒」，是「納粹運動摧毀馬克思主義的唯一武器」。希特勒接著指出：爭取群眾有兩個方法。首先是改善群眾的社會處境。這種措施的目的不是要求更高的工資，而是提高生產；生產提高了，個人也會跟著得到好處。其次，對群眾要傳播一種信仰，在群眾中使這個信仰成為一種力量。希特勒說，群眾的本質是女性的，愛慕強人；是片面的，沒有分析，只有好或壞，對或錯，因此也是盲目的、衝動的。對群眾要培養不寬容的態度，要灌輸堅定的信仰，要把他們內心的不滿轉變成為仇恨，仇恨馬克思主義者對他們的剝削。

希特勒在演講結尾時說：「當德國日趨掉入墮落的泥沼之時，我們敢對一個人說：德國是美好的。你的辱罵沒有玷污祖國，而是玷污了你自己。你會走上毀滅或自悟的時刻就要到來，自悟你在你的祖國才會找到你的偉大和前途。六千萬人民攜手團結為爭取自由的日子就要到來。我們的後代

所能看到的，不再是一個不名譽的德國，而是一個自由和強盛的德國。」

一九二一年五月，希特勒在一次演講中，讚揚一九一八年三月三日簽署的德俄〈布萊斯特‧利陶思克和約〉，因為德國取得了俄國的廣大土地和資源。翌年十二月，希特勒對一位接近納粹黨的記者表示：在不侵犯英國利益和在英國的協助下，「摧毀俄國」，爭取生存空間。

「生存空間」不是希特勒創造的名詞和構想，是德意志帝國建立時就已經流傳的一個帝國主義的、殖民地主義的政治口號。一九〇一年，地緣政治學者拉澤爾 (Friedrich Ratzel, 1844–1904) 就以「生存空間」為題發表論文，認為人類的一部歷史就是「為生存空間而進行的不斷鬥爭」。但是拉澤爾的這個論點並沒有與種族問題扯上關係。二十年代初期，候思霍夫 (Karl Haushofer, 1869–1946)，這位出身將軍的教授，使用「生存空間」這個論點來反對〈凡爾賽和約〉規定的德國疆界，同時主張德國要向東歐擴張。希特勒吸收了候思霍夫的構想，但是增加了種族和武力兩個因素。一九二六年初，希特勒在口述《我的鬥爭》第二卷最後一章「東方政策」時，這個「生存空間」的政治口號才有了具體的內涵。

五、首相希特勒

一九二一年七月二十九日，希特勒接任「民族社會主義德意志勞動者黨」主席。「接任」並非希特勒個人有意奪權，而是來自外界的衝擊所致；黨權是送上門來的。

一九二〇年底，「德意志社會主義黨」進行與納粹黨合併的活動。兩黨幾乎同時成立，都突出民族主義及反資本主義，主張走「德意志的社會主

義」道路。但是兩黨的組織結構、工作方式以及政治路線並不完全相同。另外，德意志社會主義黨的領導人物，都是老一代的保守分子。納粹黨代表一股年輕的新興勢力，黨員多來自社會的中下階層，要求改變現狀，勇於參加有血有肉的鬥爭活動。

　　德雷斯勒的態度接近合併，希特勒持反對立場。這個時候，納粹黨還是一個小黨，但是一個有活力的「宣傳機構」，希特勒是主角，說話也比較有份量。希特勒反對的理由是：①德意志社會主義黨沒有權威的領導，地方黨部不發揮任何作用。②這個黨走議會政治路線，希特勒堅決反對民主政體。③兩個原則上具有類似目標的政黨合作，只是數字上的增大，其結果是鬥爭實力的削弱。

　　在這兩條路線的鬥爭中，希特勒佔上風。在一九二一年七月二十九日召開的黨員大會上——有五百五十四名黨員參加，全場一致選舉希特勒為黨主席。根據希特勒的要求，黨主席擁有「獨裁權限」，全場「一致通過」——只有一票反對。自一九二二年底開始，在黨內逐漸使用「領袖」這個稱呼。

　　在大會上，希特勒鄭重宣佈：一九二○年黨大會通過的「二十五點綱領」是「不容改動的」。

　　希特勒接任黨主席，是因為此時他確信已經到了建立具有鬥爭力量的黨組織的時刻，而且是「非我莫屬」。

　　從希特勒於一九二一年七月接任黨主席到一九二三年十一月策發暴動這段時間，正是威瑪共和內憂外患達到高潮的年月。就「外患」來說，一九二○年發生了由莫斯科共產國際編導的「三月暴動」，企圖推翻德國當前的政權。一九二三年一月，由〈凡爾賽和約〉規定的賠償問題而引起的魯爾鬥爭開始。共產分子利用國難，藉機鬧事。同年八月，共產國際決議，

利用魯爾鬥爭的大好形勢，要在德國建立蘇維埃政權，使德國成為世界革命中心，於是在十月下旬發動革命。這個「十月革命」在共和政府的鎮壓下，草草收場。莫斯科一再策劃建立蘇維埃政權的暴動，對於反國際主義、反布爾什維克主義、反猶太主義的納粹運動來說，不無推波助瀾的作用。在一九二三這一年之間，這個以巴伐利亞邦和慕尼黑為主要活動中心的納粹黨員由一萬五千增至五萬五千人。

一九二三年，德國遭遇到空前未有的惡性通貨膨脹。一九一九年七月，一美元價值十四馬克。到了一九二三年十一月十五日，一美元可以兌換四萬二千億 (4,200,000,000,000) 馬克。同年九月中旬，一公斤奶油價值一億六千八百萬馬克，一個天文數字。

一九二三年十月十四日，希特勒在紐倫堡的一次演講中說：「我給我自己設立的目標是，永遠不能忘記自己是促進我們對內和對外統一的大德意志自由運動的開路先鋒。為此，我不願依賴他人，只靠我自己非凡的行動意志，用它來取得勝利或是因而滅亡。」希特勒說他是「開路先鋒」，這是假謙虛，這個時候他已經自視為「民族救星」。

一九二三年秋的國內情勢，使希特勒相信時機已到，乃於十一月八日發動暴動，並且期望政府內外的反共和勢力也跟著「揭竿起義」。兩天後暴動就被鎮壓下去。巴伐利亞的軍政領導人物雖然反對柏林的共和政府，但是拒絕跟希特勒進行「革命」，推翻當前政權。塞翁失馬，暴動失敗了，但希特勒從此一躍而為右派民族主義分子的中心人物。希特勒在慕尼黑暴動失敗後還沒有完全放棄暴力手段。一直到一九三〇年以後才公開主張走議會政治路線，參加競選，用「合法手段」取得政權。

暴動失敗三天後，希特勒「鋃鐺入獄」，不是監獄，而是「堡壘監禁」。這是在軍法上或政治上犯有違法行為，但未被剝奪公權的一種政治性監禁。

希特勒被判五年堡壘監禁，但於一九二四年十二月二十日，聖誕節前夕，被提前釋放。監禁期間一共是十三個月十二小時十五分（包括判決前的監禁期間，堡壘監禁期一共是九個月）。根據檢察官的計算，希特勒還應該有三年三百三十三天二十一小時五十分在「獄」中度過。如果希特勒坐牢到底，德國三十年代的歷史也許會是另外一個面貌。

在堡壘監禁期間，自一九二四年六月開始，希特勒口述《我的鬥爭》第一卷。提前釋放後，繼續口述，第二卷於一九二六年十二月完成出版。根據以上所述，希特勒在《我的鬥爭》中所表達的「世界觀」，是他於一九一九年就已經建立的思想架構上，隨著時勢的變化逐漸發展而來的。

一九二四年，德國進入「黃金的二十年代」；經濟日趨繁榮，也導致政治上的安定局面。

一九二三年希特勒「鋃鐺入獄」，納粹黨群龍無首，四分五裂。希特勒於一九二四年十二月獲得提前釋放後，巴伐利亞邦政府於一九二五年三月九日公佈命令，禁止希特勒公開演講，其他各邦跟進，一直到一九二七年才解除禁令，普魯士則遲至一九二八年。納粹黨的影響是一蹶不振。

一九二五年二月二十六日，希特勒在黨報《民族觀察者日報》公佈重建納粹黨，同時向德國的西北部擴展黨務工作。第二年，一九二六年五月二十二日，納粹黨召開黨員大會，有六百五十七人參加，全場一致通過希特勒繼任黨主席。希特勒藉此機會再度肯定一九二〇年通過的「二十五點綱領」。自一九二六年起，在納粹運動中，實行「德意志的敬禮」（右手向上伸出），同時要喊「希特勒萬歲！」這是黨員必須遵行的義務，表示對黨「領袖」的追隨和效忠。

一九二八年五月，舉行第四屆國會選舉。納粹黨第一次用自己的黨名參加競選，獲得選票八十一萬張，佔投票比率 2.6%；在總席位中僅得十二

席，微不足道。這是「黃金的二十年代」，以煽動見長的納粹黨無用武之地。另一方面，希特勒在一九二五年至一九二八年這三年多裡，全力把納粹黨改造成為一個「領袖政黨」，一個由希特勒個人控制的「戰鬥單位」。一九二八年底，納粹黨已經擁有黨員十萬多人。

德國所謂「黃金的二十年代」，是靠外債度日，虛有其表。一九二九年十月二十五日，「黑色星期五」引發了世界經濟危機，又把德國推入災難的深淵。到了年底，德國失業人口已經高達三百萬，比一年前多了一百萬人。納粹黨當時已經有二十餘萬黨員。一九三〇年二月，希特勒大膽預言：納粹運動在兩年半到三年之間，就會取得政權。

一九三〇年九月十四日，舉行第五屆國會選舉。投票前夕，九月十日，希特勒在柏林體育會館發表競選演講。他首先指出，就是威瑪共和這些大小政黨自私自利，把德國搞成今天這個樣子。希特勒說：「我們所要承諾的，不是個人地位在物質上的改善，而是要增強民族力量，因為只有通過這條道路，可以使我們取得政權，從而解救整個民族。」希特勒的意思，不是通過選舉選出一個新的政府，而是推翻這個喪權辱國的共和政府。希特勒不喊「打倒」的口號，但是語言明確有力，深得廣大失望、不滿的選民的共鳴。

在這次第五屆國會選舉中，納粹黨是最大的贏家，獲得六百四十多萬張選票，佔投票比率 18.3%，是第四屆國會選舉的七倍 (2.6%)，席位由十二席（1928 年）增為一百零七席，是在國會中僅次於社會民主黨的第二大黨。

威瑪共和時期，內閣短命。一九三二年七月三十一日，又舉行第六屆國會選舉。這次共有三十七個大小政黨參加競選。政黨分化，小黨林立；生活困苦，人心惶惶。這次選舉，納粹黨又是最大的贏家，獲得二百三十

個席位，比一九三○年（107 席）遽增一倍還多，是國會中最大的政黨。

國會選舉後，八月十三日，總統興登堡 (Paul von Hindenburg, 1847–1934) 召見希特勒，表示他同意並且歡迎希特勒「加入」政府工作。希特勒無意跑龍套，他說：基於納粹運動的意義，他和他的黨「必須主持政府工作，完全掌握全部國家的領導」。總統一口拒絕希特勒「全部政權」的要求。

巴本 (Franz von Papen, 1878–1969) 新內閣執政，在國會沒有多數，三個多月後，又舉行第七屆國會選舉。這回納粹黨失去了三十四席，但仍是國會中的第一大黨；呼風喚雨，左右政局。

從一九二八年第四屆到一九三二年第七屆的四次國會選舉競選宣傳活動中，可以看出納粹黨的宣傳主題不是猶太人問題。大多數的選民投票給希特勒，是因為他們錯誤地相信，「強人」希特勒有決心、有魄力修改〈凡爾賽和約〉，恢復德國的往日光輝與民族尊嚴，能夠解決經濟危機，實行權威領導。

從當時的情勢來看，希特勒取得政權是一件遲早要發生的事情。但是希特勒能在一九三三年一月就出任首相，則是因為一九三三年一月底，一小撮沒有政治細胞、沒有政治理念和自私短見的保守政客相互內鬥的結果，不是希特勒「在大選中獲勝才得以執政」（孫治本，頁 32）。由於納粹黨在最近三次國會選舉中的大好形勢，這些保守分子要利用希特勒當傀儡首相，控制納粹黨。巴本說：「在兩個月內，我們就會把希特勒擠入死胡同，讓他喘不過氣來。」結果是，搬起石頭砸了自己的腳。

希特勒沒有奪權，政權和黨權一樣是送上門來的。

一九三三年一月三十日晨，總統興登堡任命希特勒為首相。當天下午，希特勒進入首相府，發誓說：「在這個世界上，沒有任何力量可以把我從這裡活著拖出去！」

第二章 「全部政權」

「第三帝國」(Drittes Reich) 是自中世紀以來深入人心、流傳頗廣的一個具有宗教意義的歷史名詞（繼聖父、聖子之後的聖靈第三帝國）。一九二三年，德國作家布魯克 (Moeller van den Bruck, 1876–1925) 發表一本著作，名為《第三帝國》。他認為，在「第一帝國」神聖羅馬帝國德意志王朝 (962–1806) 及「第二帝國」俾斯麥建立的德意志帝國 (1871–1918) 之後，應該實現一個大德意志國家；這個「第三帝國」的理念是對付威瑪議會政治的有效工具。二十年代，納粹黨人襲用「第三帝國」這個名詞，是指納粹黨在希特勒領導下的未來統治。

希特勒於一九三三年九月一日，在一次演講中指出，他創立的新國家，會維持「千年」之久。同年十月二十四日，希特勒在柏林體育會館發表演講說：「我並不因為我們必須勞動而感到可恥。我們肯定勞動。……從這個意義來看，第三帝國就是社會主義，是一個勞動者的國家。」

希特勒在出任首相初期，偶爾在演講中使用「第三帝國」這個用語。但在法令、規章、教科書以及祕密警察的報告中，卻廣泛出現。「第三帝國」係指納粹德國。當時，在德國國內、國外都是一個非常流行的用語。

納粹黨在一九三三年接掌政權之初，強調承繼法統，繼往開來。但是以希特勒世界觀為主導思想的納粹統治，以及納粹主義所要實現以血緣為

主的民族共同體，不是「繼往開來」。在德意志的「千年歷史」中，納粹德國是一個具有「希特勒特色」的新生事物。

　　一九三九年七月十日，納粹政府正式下令禁止使用「第三帝國」這個用語。宣傳部在發出的「新聞指示」中指出：納粹黨在接掌政權之後，從在各方面所引起的變化及其未來要實現的理念來看，「第三帝國」這個歷史名詞不是一個適當的宣傳辭彙。今後要使用德國的正式名稱：「大德意志國」（Grossdeutsches Reich，參見頁 107）。自一九四〇年起，在德國出版的各種辭書和百科全書中，不再收入「第三帝國」這個辭彙，而代以「大德意志國」。第二次世界大戰後，「第三帝國」這個名詞又在德國的新聞媒體和史學著作中被廣泛使用，係指一九三三年至一九四五年的納粹統治。

　　「第三帝國」是一個容易引人誤解的歷史名詞。本書襲用，但加以引號：「第三帝國」。

一、國會縱火案

　　一九三三年一月，希特勒出任首相。這是「一人之下，萬人之上」，只是希特勒謀取「全部政權」的開始。

　　希特勒內閣除希特勒外，共有十名閣員，納粹黨員只有兩名：不管部長戈林 (Hermann Göring, 1893–1946) 及內政部長傅立克 (Wilhelm Frick, 1877–1946)。從數字來看，希特勒確實是被保守分子「圈住」了。但是事實並非如此。

　　當時巴本，亦即前任首相，是促成希特勒出任首相的幕後「導播」，左右一月政局的人物，也是老總統身邊的紅人。在討論內閣人事時，希特勒

向巴本提出一個交換條件：他同意巴本提出的內閣名單，但要求不管部長戈林兼任普魯士邦政府內政部長。巴本同意，因為他是普魯士邦政府的「最高行政長官」。政客巴本未懂以少勝多的鬥爭藝術。由兩位納粹黨人擔任中央政府和最大的普魯士邦政府的內政部長，等於控制了全國的警察隊伍，在對付政敵方面，這是一支合法的武裝力量。

組閣後，希特勒用「合法手段」取得「全部政權」的第一個措施是：解散國會，重新改選。希特勒的目標是：絕對多數。

一九三三年二月一日，希特勒出任首相才兩天，總統興登堡即根據內閣決議批准解散國會，定於三月五日舉行第八屆國會選舉。這是說，在九個月之內，一共舉行了三次國會選舉，打破了國會選舉紀錄。

投票的前一個星期，二月二十七日夜，國會有人縱火。在希特勒謀取「全部政權」的措施方面，這是一個送上門來的大好機會。「國會縱火案」是德國現代史上一個爭議不決的歷史懸案。在談論這個爭議之前，首先看看縱火案的來龍去脈。

一九三三年二月二十七日晚上九點，一個年輕的荷蘭人魯貝 (Marinus van der Lubbe, 1909–1934) 進入國會大廈放火。事發後半小時，魯貝在現場被捕。

希特勒、戈林和納粹黨中央的宣傳部長戈貝爾 (Joseph Goebbels, 1897–1945) 馬上趕到現場。他們堅信：這是共產黨人幹的勾當，要在下週的國會選舉中獲得優勢。因此，全力宣傳這是在社會民主黨知情的情形下，「共產黨人進行反對新政府暴動的前奏」。這是「共黨暴動說」。

次日，二月二十八日，總統興登堡簽署由希特勒根據內閣決議提出的「保障人民及國家的緊急法令」。這個「緊急法令」共有六條，前言只有一句：為了「防禦共產主義的暴力行動」，採取下列措施：第一條，《威瑪憲

圖6　一九三三年二月二十七日晚，荷蘭人魯貝進入國會大廈放火，引發「國會縱火案」。

法》所保障的基本人權,「暫時失效」(事實上,「失效」一直延續到一九四
五年納粹德國垮臺)。因此,政府可以限制個人自由及意見、新聞與集會結
社自由,檢查信件、郵政、電訊、電話以及有權搜查住宅、沒收財產等等。
第二、三、四條規定,在地方邦政府為了維持公共安全及秩序不採取必要
措施的情形下,中央政府可以「暫時履行」地方機構的最高權限。這三條
是納粹黨日後取得進行地方各邦一體化和實現中央集權的合法根據。

　　「緊急法令」使全國進入長期的「戒嚴狀態」,為納粹民族社會主義的
領袖獨裁建立了合法的統治基礎。

　　在國會縱火案發生的當夜,而且在總統興登堡簽署上述緊急法令之前,
戈林就以普魯士邦政府內政部長的身分,組成一個有五萬人的「後備警察
大隊」,其中四萬人是納粹黨的衝鋒隊(參見頁 69–79)隊員,同時下令逮
捕共產黨的國會議員及其重要幹部,共有四千多人,以及納粹黨人認為可
疑的人物,包括社會民主黨人士。至四月底,僅僅在普魯士就有三萬多名
「政治犯」被捕,其中大多數是納粹黨的死對頭共產黨人。到了一九三三
年十月底,有十萬多人被關進監獄或被送進集中營。

　　由於納粹黨人對於國會縱火事件的迅速反應,徹底藉此機會打擊共產
黨人以及其他政敵,為國會選舉製造有利條件,當時就有傳說:這是納粹
黨人製造藉口,打擊政敵的陰謀行動。這是「納粹陰謀說」。

　　魯貝從荷蘭到達柏林之後,且在國會縱火之前,已經在柏林三個不同
地點放火三次,都未被警察抓到。魯貝在警察審訊和法庭審判的過程中,
一再強調國會縱火完全是個人行為;沒人教唆,沒有共犯。他的動機是不
滿工人階級在資本主義制度下的悲慘境遇,德國工人無動於衷,他要火燒
國會,引起星火燎原的反應。魯貝當年二十四歲,是個泥瓦匠幫工,因不
滿共產黨的「嚴格紀律」,於一九三一年退出荷蘭共產黨,是一個傾向共產

主義的無政府主義分子。一個來自荷蘭的外地流浪漢，而且還是個半瞎子（魯貝的右眼不能認清五個手指），一個人火燒德國國會大廈，這個「魯貝單幹說」，無論當時還是今天都難以令人信服。

國會縱火案，經過萊比錫最高法院數月之久的審訊，於一九三三年秋宣佈判決：魯貝有罪，處以死刑。但是同時指出，根據火事專家提出的縱火技術審查報告，國會縱火不可能是一個人可以辦到的，但四個被告的共產黨人，因為沒有具體證據，無罪開釋。

在萊比錫最高法院審訊時，當時納粹黨的「強人」戈林出庭作證。四個共產黨人的被告之一，狄米特洛夫（Georgi Dimitroff, 1882–1949；共產國際主席：1935–1943，匈牙利人），據理反駁戈林嫁禍共產黨人的指控，同時提出納粹黨人不無策劃縱火之嫌的說法。狄米特洛夫的大膽發言，語驚四座，引起輿論的注目，因而被共產黨人稱為「萊比錫英雄」，蘇聯政府也藉機賜予蘇俄公民身分。

萊比錫最高法院判決後，共產黨人不斷宣傳：國會縱火案是納粹黨人策劃的陰謀事件。一九三八年九月二十日，共產國際的機關報《展望》週刊，為了紀念國會縱火案判決五週年，發表了狄米特洛夫在審判收押期間寫的〈獄中札記〉，再度強調「納粹陰謀說」。

共產黨人無罪開釋，剩下來的只有納粹黨人的嫌疑最大。「納粹陰謀說」是當時和戰後在德國流傳最廣的一種說法，也是知名學者的權威意見。

戰後，在西德尼德薩克森邦政府內政部的一位高級官員，對國會縱火案發生興趣，多年深入研究有關史料，於一九五九年及一九六二年發表論文及專著。他的結論是：國會縱火案是個人行為。當時只有一位年輕的歷史學者為文支持這個「魯貝單幹說」。這個論點引起諸多德國歷史教授的圍攻，因為一個圈外人推翻權威學者的高見，難以接受。另外，如果「單幹

圖 7　　納粹黨強人戈林在法庭上作證，指責共產黨人在國會放火，有意暴動。

圖 8　　共產黨人被告狄米特洛夫反駁戈林嫁禍共產黨人的指證，同時提出納粹黨人不無縱火之嫌的說法。

說」成立，結論就是納粹黨人清白無罪，對後人如何交代?!

　　一九三三年有關國會縱火案的兩百多件偵訊、審判案卷，在戰爭結束時，被紅軍運到蘇聯。蘇聯解體和東西德統一之後，這些檔案才「回歸祖國」。堅持「納粹陰謀說」的一些年輕學者，對這些新資料進行研究。他們首先發表文獻集（1992 年），接著出版專著（2000 年），結論是：魯貝是主犯，納粹黨人是幕後黑手。這個論點證據不足，立論勉強，沒有獲得學術界的肯定。正因為如此，漢堡《明鏡》週刊的編輯也對上述「回歸」的新資料進行分析。《明鏡》週刊的結論是：「單幹說」是一個最為可信的說法。

　　早在三十年代，當時中國的德國問題專家就毫不保留地接受「納粹陰謀說」：「吾人對德眾院失慎，政府大捕共黨，不能不疑國會起火，俾藉清除敵黨也。」（關數質，頁 6）大體上，今天大陸的德國史學者堅持「納粹陰謀說」。

　　國會縱火案是一個歷史懸案。在沒有可信證據的情形下，不能遽下斷語，一錘定音。不論「魯貝單幹說」還是「納粹陰謀說」，事實是，納粹黨人是國會縱火案的最大受益者。這個事件也使希特勒走上取得「全部政權」的高速公路。

二、〈授權法〉

　　一九三三年三月五日舉行第八屆國會選舉。納粹黨人大勝，獲得一千七百二十多萬張選票，比一九三二年的第七屆國會選舉多了五百五十萬張選票，席次由一百九十六席增至二百八十八席。納粹黨人雖然用盡一切合法、非法的手段影響選舉，還是未能取得絕對多數（總席位是六百四十七

圖9　一九三三年三月五日舉行第
八屆國會選舉，納粹黨人大勝。圖片
是納粹黨的宣傳海報：「致命的一
擊！」

圖10　一九三三年三月五日舉行第八
屆國會選舉。選舉前夕，黨衛隊「輔助
警察」及公安警察攜帶警犬，巡視街頭，
維持「秩序」。

席）。但是如果納粹黨與「友黨」德意志民族人民黨（52 席）聯合，共有
三百四十席，超過半數，仍可安然執政。但希特勒無意與人分享成果，他
要「全部政權」。

　　希特勒用「合法手段」取得「全部政權」的第二個措施是，要求國會
通過〈授權法〉（全名見頁 50、52），也就是在未來的四年內，國會把立法
權交給政府，政府可以隨時發佈具有改變憲法內容的行政法令，不受國會
的制衡與監督。換句話說，國會失去機能，憲法無效。

　　這是一個修改憲法的提案，要有三分之二的議員同意，才能通過。納
粹黨的國會議員不夠三分之二。首先，警察與衝鋒隊員把八十一名共產黨

議員逮捕入獄，並取銷國會議員資格。如此一來，國會議員總數由六百四十七人減為五百六十六人，三分之二是三百七十八人。納粹黨國會議員加上友黨德意志民族人民黨國會議員共為三百四十人，還差三十八人。因此，納粹黨繼續逮捕社會民主黨和其他「不可靠」的國會議員，以期湊成法定的三分之二人數。在〈授權法〉表決之前，戈貝爾策劃了「波茨坦日」(Tag von Potsdam)，為納粹黨製造有利聲勢。

希特勒在《我的鬥爭》書中說：「在內政方面的行動目標是，打下一個嶄新的、以納粹主義世界觀之堅定的和統一的基礎。」(《我的鬥爭》，頁 735) 為了在內政方面建立這樣一個「基礎」，納粹黨必須要有一個適當的宣傳機構。一九二二年十月二十二日，希特勒向黨中央提出一份備忘錄：〈民族社會主義德意志勞動者黨的建設〉。這是一個內部文件，沒有對外發表。希特勒說：納粹黨的目的非常簡單，就是「滅絕馬克思主義的世界觀」。為了實現這個目的，要採取兩個手段，其中之一是建立「一個非凡的、獨創的和靈活的宣傳暨啟蒙組織，掌握一切影響人們的可能性」。

一九三三年三月十三日，希特勒出任首相才一個半月，就任命黨中央宣傳部長戈貝爾擔任新成立的「人民啟蒙暨宣傳部」(Reichsministerium für Volksaufklärung und Propaganda) 部長的職務。在全世界各國的政府機構中，這個以希特勒世界觀「啟蒙」人民、控制輿論、操縱內外宣傳的部門，確是一個「非凡的」、「獨創的」組織。

在戈貝爾的精心策劃下，第八屆國會定於一九三三年三月二十一日在波茨坦的衛戍教堂舉行開幕典禮（國會大廈被燒毀，無法使用）。戈貝爾挑選這一天，也有其歷史意義。六十二年前，一八七一年三月二十一日，是俾斯麥建立的德意志帝國第一屆國會開幕之日。

戈貝爾選擇在波茨坦的衛戍教堂為舉行國會開幕儀式的地點，政治宣

傳意義非常。波茨坦是一個最有「普魯士軍國主義」傳統的城市。菲特烈
・威廉一世（Friedrich Wilhelm I., 1688–1740；王：1713–1740）於一七一
三年繼位時，這位有「軍人國王」之稱的普魯士王就規定波茨坦是衛戍城
市。當時波茨坦只有居民一千五百人，禁衛營就有六百人。威廉一世於一
七二〇～二一年下令建造衛戍教堂，以供王室家族、王宮人員及新教路德
派的軍人共同使用。一七四八年擴建，可容納三千人。衛戍教堂是歷代普
魯士統治者的教堂，也是安息之處。在教堂中間的聖壇下面，就是歷代普
魯士王的墓室，也包括希特勒崇拜的菲特烈大王。

老總統興登堡全副帝國元帥戎裝，代表舊普魯士的光榮傳統和尚武精
神。希特勒身穿黑色燕尾服，象徵年輕的民族社會主義理念。興登堡與希
特勒親切握手，表示新舊修好；希特勒繼承俾斯麥「第二帝國」的法統，
繼往開來，這是德意志民族的再起。這個「波茨坦日」，給當時德國社會各
階層人士都留下了深刻的印象，是納粹黨人在接掌政權之初的一個宣傳傑
作。

「波茨坦日」兩天後，國會舉行第二次會議表決〈授權法〉時，納粹
黨人又是另外一個面貌。

三月二十三日表決當天，開會地點（借用柯羅爾歌劇院）內部有衝鋒
隊員示威巡視，場外有黨衛隊隊員包圍現場，以防意外。希特勒自己和納
粹黨國會議員一樣，身著納粹黨褐色制服亮相。

〈授權法〉記名投票表決結果，有四百四十一名國會議員贊成，只有
九十四票反對。反對票來自社會民主黨。

國會縱火案發生後的第二天，總統簽署的緊急法令是納粹黨人利用時
機匆忙提出的，主要的目的是，在中央與地方全力打擊死對頭共產黨，任
意抓人，但還不能用為取得「全部政權」的「合法根據」。〈授權法〉則完

圖11 「波茨坦日」 一九三三年三月二十一日，第八屆國會在波茨坦的衛戍教堂舉行開幕典禮。總統興登堡坐在教堂中央，聽取首相希特勒的開幕致詞。

全不同。這個法令的內容不長，只有五條：①政府可在憲法規定的程序之外，制定法律。②在不涉及國會本身及總統權限的情形下，政府制定的法律可以偏離憲法。③政府決議的法律由首相繕定，在政府公報公佈（根據《威瑪憲法》，這是總統的權限）。④政府有權與外國簽署條約（不須國會審查與批准）。⑤本法自公佈之日起有效，至一九三七年四月一日失效。

〈授權法〉於一九三七年及一九三九年兩次由國會通過延長後，一九四三年根據希特勒的「領袖命令」無限期延長。根據這個「授權法」，政府也有權審核和批准國家預算。

一九三三年三月二十三日國會通過的〈授權法〉全名是：〈解救人民和

圖 12

圖 13 一九三三年初，納粹黨人在
接掌政權伊始，強調「法統」，突出
承前啟後。上圖 12 的納粹宣傳畫就
是例證：老總統興登堡與新首相希
特勒在普魯士菲特烈大王墓室棺槨
之前握手，象徵新舊交替，以菲特
烈大王為楷模，繼往開來（圖 13）。
根據宣傳部長戈貝爾在他日記中的
記載，當老總統興登堡與希特勒在
衛戍教堂握手時，老帥感動得流出
英雄之淚。

國家困局法〉(Ermächtigungsgesetz: Gesetz zur Behebung der Not von Volk und Reich)。這是國會宣佈德意志共和國死亡的歷史文獻,也是希特勒用「合法手段」取得「全部政權」第二個階段的開始。

現在我們看看,希特勒如何在〈授權法〉的「合法基礎」上,把他在《我的鬥爭》書中所昭示的「世界觀」,在內政、外交和軍事方面一步一步地付諸實現。

三、納粹主義一體化

希特勒接掌政權後,謀取「全部政權」的策略是:「先安內,後攘外」。在安內方面,希特勒在《我的鬥爭》書中說:「在內政方面的行動目標是,打下一個嶄新的、以納粹主義世界觀之堅定的和統一的基礎。」建立這樣「基礎」的前提,就是要摧毀現有的國家體制和社會組織,實現全國上下的「納粹主義一體化」。換句話說,一如社會主義的「生產資料國有化」,實行「納粹主義人民國有化」。這是希特勒取得「全部政權」的第二個階段。

一九三三年三月二十三日〈授權法〉通過之後,在短短的五個多月的時間,納粹黨人徹底完成了地方各邦的一體化、摧毀工會、解散政黨、統一農工組織和文化機構,以及排除猶太人的諸多措施。一九三四年六月底,希特勒利用「勒姆事件」進行清黨(參見第二章/四、勒姆事件)。八月初,總統興登堡逝世,希特勒自己任命為德意志國的「領袖與首相」,國防軍要向三軍統帥希特勒個人效忠,集黨、政、軍大權於一身,取得「全部政權」,「安內」大業基本完成。

A. 各邦一體化

〈授權法〉通過一週後，一九三三年三月三十一日，政府公佈〈第一個各邦同中央劃一法〉。這個法令規定：根據本年三月五日第八屆國會選舉的結果，重新改組各邦議會及各級地方民意機構。

第八屆國會選舉結果一如上述，納粹黨成為國會中的第一大黨，取得二百八十八席，加上「友黨」德意志民族人民黨的五十二席，超過半數。這個「友黨」與納粹黨人沆瀣一氣，但是不敢吭聲，還是納粹黨人當家做主。根據第八屆國會選舉結果改組各邦議會及地方鄉鎮民意機構，事實上就是納粹黨人製造藉口，「合法的」控制了全國各邦的民意機構。這個〈各邦同中央劃一法〉既不符合民意，也徹底推翻自一八七一年俾斯麥建立帝國以來的聯邦主義結構。在執行上，納粹黨人沒有遭遇到任何抵抗。

一週後，四月七日，政府又公佈〈第二個各邦同中央劃一法〉。這個法令規定：總統根據首相希特勒的推薦，任命十一個「中央行政長官」(Reichs-statthalter)，其任務是監督邦政府對首相制定之政策的執行情況。同時也有權任免邦政府首長、公佈法令，必要時還可以解散邦議會。封建時代的欽差大臣跟納粹德國的「中央行政長官」相比，可以說是小巫見大巫了。

這個由中央派至各邦的「中央行政長官」負有矛盾的雙重任務：一方面他們是中央政府的特派專員，代表中央權益。另一方面，他們又是地方政府代表，是面對中央政府代表地方權益的發言人。此外，「中央行政長官」幾乎清一色都是由「黨中央管區主任委員」(Gauleiter)，相當於共產黨的「省委書記」兼任，極少數是衝鋒隊的領導幹部。這些人都有自己的政治地盤，兼任「中央行政長官」之後，變成了有權有勢、有血有肉的地方諸侯。無論「中央行政長官」，還是「黨中央管區主任委員」，都直接受希特勒的個

人領導。希特勒從開始就拒絕採取劃清黨、政領導機構的權責措施。希特
勒這種不按牌理出牌的做法，可以使他不受黨、政機構遊戲規則的束縛，
同時也加強手下信徒對希特勒個人的依賴與效忠。這是造成「第三帝國」
黨、政機構以及中央與地方權責不明、長期混亂的原因之一。

B. 摧毀工會

　　根據希特勒的看法，在現代多元化的社會中，政黨、工會和各種職業
利益團體，是導致民族內部分裂的破壞因素，應該徹底摧毀。

　　在納粹黨人利用國會縱火案全力打擊共產黨人之後，下一個目標就是
摧毀工會。

　　一九三三年四月十日，政府明令規定五月一日為「民族勞動日」。傳統
的五一是第二國際創建的「工人勞動節」，從未被政府承認是有工資可拿的

圖 14　納粹黨的宣傳海報：「一九三六
年五月一日，德意志民族的國定假日」
──「民族勞動日」。

國定假日。現在工人有錢拿，反應熱烈。事實上，這個措施是把自一八八九年以來屬於工人自己的勞動節日變成一個由納粹黨人操縱的群眾遊行運動。五月一日，工會為了討好當道，同時也未搞清納粹黨人兩面手法的陰謀，欣然參加五月一日「民族勞動日」的大遊行，一團和氣。

　　政府明令公佈上述規定之後，且在五月一日以前，即四月二十一日，納粹領導就暗中下令衝鋒隊及黨衛隊：「於一九三三年五月二日，星期二，上午十時佔領全國工會機構及逮捕有關領導人物。」

　　五月二日，柏林的衝鋒隊員有備而來，準時衝入工會大廈，把工會的重要幹部押解到衝鋒隊看守所。兩天後，衝鋒隊放人回家，政府則下令沒收工會的全部財產（現款、投資資金、不動產、銀行、保險、報社等）。「全德意志工會聯盟」(Allgemeiner Deutscher Gewerkschaftsbund/ADGB) 於一九一九年建立。這個歷史不久，但聲勢顯赫的德國工人運動的群眾組織，竟

圖 15　「德意志勞動陣線」宣傳海報。

在「一夜之間」，沒有任何抵抗就煙消雲散了。

工會摧毀一星期之後，接著於五月十日就成立了「德意志勞動陣線」(Deutsche Arbeitsfront/DAF)。到了六月底，所有全國工人、僱員及企業僱主都被強迫加入這個由納粹黨全國組織部長領導的所謂「工會組織」。

希特勒說：「這是結束階級差別，建立手腦勞動共同創造民族共同體的開始。」根據一九三四年十月二十四日希特勒的指示，「德意志勞動陣線」的目的是：「建立一個真正屬於所有德意志人的有效率的民族共同體」。自本年起，「非亞利安人」不得加入為會員。

到了一九四二年，「德意志勞動陣線」有會員多達兩千五百多萬人——所有「參加勞動生產的人，不問經濟、社會地位」，加上附屬組織的成員，共有三千五百八十萬人。根據一九三九年的官方統計，當時德國的就業人口是三千九百八十萬人，「德意志勞動陣線」的成員就佔了 75%。

「德意志勞動陣線」有四萬多編制工作人員，是當時全世界最大的「工會組織」。經費以會員會費的收入為主。會費有限，平均一個會員每月繳納的會費是 1.40 馬克（一九三三年）或 2.56 馬克（一九四二年）。但是會員多，會費收入驚人。從一九三三年到一九四二年，「德意志勞動陣線」一共收到會費高達四十一億五千三百萬馬克。在納粹德國，「德意志勞動陣線」是一個有錢、有勢，也是最有影響的黨組織，在「群眾一體化」方面，為希特勒立下了汗馬功勞。

「德意志勞動陣線」的工作範圍是多方面的：世界觀教育、專業進修、僱用人員的法律諮詢，社區住宅問題，包括推銷、生產「國民車」，以及休閒活動的安排等等，最後一點，值得記述。

「德意志勞動陣線」下面設有一個重要的附屬組織：「休閒活動中心」。德文名稱是：Kraft durch Freude/KdF，中文直譯應該是：「從休閒樂趣中獲

圖16　納粹黨接掌政權之初，一九三四年，德國汽車工業業者就有生產「國民車」的構想；私家轎車不應該是有錢階級的專利品。

一九三七年初，希特勒授命汽車設計專家鮑爾時 (Ferdinand Porsche, 1875–1951) 設計一種大眾化轎車，並建議採用甲蟲模型；原則是物美價廉。次年四月二十日，鮑爾時完成設計工作，是獻給希特勒四十九歲的生日禮物。出廠價格定為九百九十馬克。

「德意志勞動陣線」接下這個生產任務，一九三八年五月，投資五千萬馬克，建造德國最大的「休閒活動中心汽車工廠」，也就是今天在德國沃夫斯堡 (Wolfsburg) 的「大眾汽車工廠」。

為了支持「休閒活動中心汽車計畫」，「德意志勞動陣線」發動了一個「儲蓄預購」節目。根據這個節目，每個德國人每週儲存五馬克，不久就可以有自己的「休閒活動汽車」。共有三十三萬六千六百六十八人參加「儲蓄預購」，存款總額高達二億三千六百萬馬克，其中有六萬人交足預購款額，但是沒有一個人能夠取得汽車，因為自一九三九年起，這個「休閒活動中心汽車工廠」全力生產軍用吉普。

「休閒中心汽車」(KdF–Wagen) 後來改名為：“Volkswagen”（國民車），在大陸稱為「大眾汽車」或「甲殼蟲」。到了臺灣，希特勒的大眾化「甲蟲車」(Käfer) 升級，成為「金龜車」；「身價十倍」，還有「金龜車主俱樂部」。二○○三年七月，在墨西哥的德國大眾汽車工廠宣佈停止「甲蟲車」的生產，結束了這個具有傳奇色彩車型的生產歷史。

得創造活力」。據說，這個名稱是希特勒選定的，這個休閒組織也是根據希特勒的命令成立的。希特勒說：「我希望德意志的勞動者能夠獲得充分的假期。全力使勞動者獲得這樣的假期及休閒活動，以助休養，這是我所希望的，因為我要有一個神經強韌的民族；只有同一個具有強韌神經的民族，才能從事偉大的政治事業。」對希特勒來說，安排休閒活動是手段，目的是「全民皆兵」；「偉大的政治事業」就是征服生存空間。

「休閒活動中心」下設五個單位：第一處負責下班後的文化活動包括觀賞戲劇、欣賞音樂會等。至一九三八年共有三千八百萬人參加。第二處管理體育活動，即把企業、工廠的團體操改為「提高種族體能」的軍事鍛鍊。第三處負責美化工作環境，提高工作效率。第四處為軍方官兵安排文化、康樂活動。第五處是最重要的一個單位：「旅遊、健行及度假」，包括搭乘輪船遊歷北歐、義大利；小市民、勞工也能乘輪船海上度假，這是一個頗受廣大群眾歌頌的節目。

至一九三九年戰爭開始，共有約一千萬人參加「旅遊、健行及度假」的休閒活動。參加的人只繳納些許象徵性的費用。「休閒活動中心」的經費主要是來自「德意志勞動陣線」的資助。自一九三四年至一九四二年的資助總額高達兩億四千萬馬克。

「德意志勞動陣線」有自己的銀行，對有權勢、有影響的納粹黨人提供低息貸款 —— 不必償還的「貸款」。

C. 解散政黨

一九三三年四月十七日，戈貝爾與希特勒談話之後，在日記中寫道：「五月二日佔領工會機構，在這一方面也要進行一體化。……等我們掌握了工會之後，其他政黨組織也就不會維持太久了。」

圖 17　「德意志勞動陣線休閒活動中心」的遠洋輪船「羅伯・賴號」
(Robert Ley)。羅伯・賴 (1890–1945) 是「德意志勞動陣線」的領導人。

　　在〈授權法〉通過之後，國會有名無實，政黨也失去作用。但希特勒
要保留國會，因為「民意機構」在對內、對外宣傳上，還有可以利用的剩
餘價值。至於政黨，則要徹底根除。一九三二年希特勒就發誓說：「我只有
一個目標，就是把這三十多個政黨從德國趕出去！」

　　工會組織被摧毀之後，社會民主黨有如「虎落平陽」，再加上納粹黨人
對社會民主黨人士不斷施加威脅，以及採取短期的「保護收押」等措施，
人人自危，毫無鬥志。此外，社會民主黨領導對於納粹應該採取何種態度，
也是意見不同。在這種情況下，社會民主黨已經沒有力量進行任何抵抗。
六月十八日，在捷克布拉格流亡的社會民主黨領導呼籲推翻希特勒政權之
後，納粹黨人有了藉口，四天後，六月二十二日，政府下令禁止社會民主
黨的政治活動，接收社會民主黨在國會的席位，同時逮捕在國內的社會民
主黨領導人物。

納粹政權解決了最大的反對黨社會民主黨之後，不到一個月，其他大小政黨不是被迫就是自動解散，沒有任何抵抗。

一九三三年七月十四日，法國大革命紀念日，納粹政府公佈〈禁止建立新黨法〉。納粹黨——「民族社會主義德意志勞動者黨」是「第三帝國」唯一允許存在的政黨。

D. 統一農工組織

根據「血緣與土地」的理論，納粹黨人強調種族與培養這個種族成長的土地有密切關係。「農民是民族血緣的源泉」。

納粹黨人接掌政權後不久，一九三三年三月十九日，根據希特勒批准公佈的法令，成立了一個壟斷性的「農會組織」：「全國農業生產者協會」(Reichsnährstand)。凡是農業生產者（地主、佃戶、家屬、工人）、農業合作社、農產品交易及加工業的有關組織都必須加入這個協會。這個協會一共有一千六百萬會員，接受政府糧食部長兼納粹黨「全國農民領袖」的領導。從一九三三年四月初到六月底，納粹黨人徹底控制了全國各地的農民與農業組織。

「全國農業生產者協會」的任務是，用控制市場價格、生產數量以及商品差價等措施，防止在農業市場上「資本主義投機」的交易行為，反對農業團體在經濟方面的特殊利益，以及遏止農民勞動力流向城市。最終的目的是達到糧食供應的自給自足。猶太人及外國人不得從事農民的活動。一九三八年以後，猶太人無法進行農產品加工業及土地交易的活動。

至於工商業的一體化更是輕而易舉。一九三三年四月一日，衝鋒隊員佔領「德意志工業全國聯合會」——工業界的權威機構。納粹黨人逼迫該會領導人物辭職。一九三三年五月二十二日，這個聯合會沒有任何抵抗，

正式解散，六月十九日，在納粹黨人的操縱下，更名為：「德意志工業全國業者協會」(Reichsstand der deutschen Industrie)。大企業組織的一體化能夠輕易實現，主要是因為納粹政權要全力發展國防工業，雙方有共同的利害關係。

E. 全國文化工作者協會

一九三三年三月十三日，希特勒內閣設立一個「人民啟蒙暨宣傳部」，由戈貝爾擔任部長，任務是用納粹的世界觀啟蒙人民，控制輿論，操縱內外宣傳。

戈貝爾的啟蒙與宣傳手法，與眾不同。他沒有把希特勒的文字、演講編成總裁「訓詞」或是主席「語錄」，人手一冊，「活學活用」。換句話說，戈貝爾不直接向人民宣傳納粹思想。接任之初，戈貝爾全力控制新聞、廣播輿論。

納粹德國是「一黨專政」，但是戈貝爾並沒有禁止納粹黨以外的「資產階級」發行報紙和刊物。「第三帝國」的報紙是多元化的，而不是清一色的「一體化」。戈貝爾的手法是，在他的宣傳部裡，基本上每天召開一次「記者招待會」，由部裡的一名高級幹部主持。在重要場合，戈貝爾則親自亮相。各報社、電臺派一名編輯參加，討論的主題是：「語言協調」，也就是哪些新聞不要刊出，哪些消息要突出報導。有時也指示某些報紙社論的主要論調，用這種方法，戈貝爾使非納粹的讀者，透過非納粹的報紙，吸收了納粹黨人所要宣傳的東西，從而操縱了公眾輿論。

根據一九三三年九月二十二日公佈的法令，戈貝爾成立了「全國文化工作者協會」(Reichskulturkammer)，所有在文化、美術及文化經濟活動方面的工作者均必須加入。這個協會共有七個專業單位：作家、新聞、電臺、

劇院、音樂、電影及造型藝術（繪畫、雕刻、建築、工藝）。取得會員身分後，才可以從事上述各種專業活動。政治出身有問題的人、猶太人、混血的半猶太人或跟猶太人結婚的德意志人，都不得加入，已加入者馬上開除會籍。

「全國文化工作者協會」接受戈貝爾的直接領導，是「社團法人」，是實現「文化一體化」的職業性組織。

F. 大學一體化

一九三三年納粹黨人在全國進行一體化行動，基本上是使用「文攻武打」的策略。「武打」是衝鋒隊員使用暴力，「文攻」是政府以法令配合，雙管齊下，逼人就範。但是全國各地大學的一體化，則是一個例外，是一個徹底自發的「自我一體化」，也是納粹德國史中一段見不得人的歷史。在有關「第三帝國」的大量論著中，討論這個題目的著者不多。

一九三三年三月五日，德國舉行第八屆國會選舉。選舉的前兩天，三月三日，有三百多名大學教授聯名發表一項助選號召，支持希特勒及其納粹政黨。選舉後不久，三月二十一日，「德意志高等院校聯盟」（會員都是教授，是一個頗有聲望的教授組織）發表聲明說：希特勒出任首相，是「德意志民族的再生」。這項聲明是全國各地大學「自我一體化」的開始。四月十二日，「德意志大學校長會議」決議設立一個專門委員會，研究具體方案，討論如何使德國大學成為德意志「民族共同體」的一部分。

自十九世紀以來，德國的大學是德意志民族主義的溫床。一九一五年歐戰爆發不久，就有德國各大學教授聯名上書皇帝威廉：德國的戰爭目的必須是實現強大德國的霸權。威瑪時代，德國的大學教授大多數都持有強烈的民族主義立場；反對〈凡爾賽和約〉，主張恢復往日光輝，也反對威瑪

共和。社會學者韋伯的老弟阿夫雷德・韋伯 (Alfred Weber, 1868–1958)，也是一位社會學家和國民經濟學教授，他就指出：無能的威瑪共和政府是對民主政治誤解的具體表現。

隨著民族主義思潮的高漲，自十九世紀七十年代以來，反猶太主義在德國大學也廣為傳播。威瑪時代的教授多多少少都有些潛意識的種族主義，把猶太人視為「非我族類」。納粹黨人實行一體化，排斥猶太教授時，「亞利安人」教授則冷漠旁觀，沒有任何表示，談不上仗義聲援。

在一九三二～三三年初，這些自由主義的德國教授，基本上對納粹黨還保持安全距離，但是沒有「劃清界限」。當希特勒出任首相、納粹黨接掌政權之後，則馬上跟進，「識時務者為俊傑」。為了效忠黨國領袖，也是為了自己的前途，為數不少的教授，使出渾身解數，「鞠躬盡瘁」。下面的例子，可以透露一些訊息。

希特勒有征服生存空間和實現德意志「民族共同體」的構想，但是沒有具體計畫。一九四一年希特勒發動征服生存空間的對蘇戰爭。年底，柏林大學（今洪堡大學）的梅爾 (Konrad Meyer) 教授，也是黨衛隊的高幹，在黨衛隊「國家安全總局」的授權下，與其他有關科系的教授共同研擬了有名的「東進總計畫」。一九四二年六月十二日，黨衛隊全國領袖希姆勒 (Heinrich Himmler, 1900–1945) 批准執行。這個「東進總計畫」是納粹政權征服生存空間和實現佔領地區日耳曼化政策的基本綱領（參見：五／二、日耳曼化政策）。

二〇〇二年二月，洪堡大學「學生委員會」提出要求，經校務委員會通過，成立了一個專門委員會，研究柏林大學教授研擬「東進總計畫」這段助桀為虐的歷史。

自一九九八年在法蘭克福召開的「歷史學者年會」以後，加強了針對

德國史學教授對納粹暴政諸多「貢獻」的研究。有位年輕的史學者指出：
聞名的史學教授如希德 (Theodor Schieder, 1908–1984) 及孔慈 (Werner
Conze, 1910–1986) 是「大屠殺的思想導師」。有名的東歐專家歐賓 (Hermann
Aubin, 1885–1969) 就是征服生存空間的理論先鋒。

　　在大學一體化的過程中，大學學生也扮演了一個重要角色。

　　自二十年代末期經濟危機發生後，在德國大學之內的反猶太主義日漸
猖獗。這與大學的「人滿之患」有些關聯。從二十年代中期至三十年代初，
大學生的人數由九萬人增至十四萬人。一九三〇年，猶太人只佔全國人口
的百分之一，但在大學就讀的猶太人則佔了百分之四。在就業市場上，猶
太人更是佔盡優勢。在大都市如柏林，猶太人的律師、醫生接近百分之五
十，在文化方面如新聞、劇院也佔多數。德國大學生多來自中產階級，這
是身受經濟危機致命打擊的一群。猶太人搶走飯碗，是「一切災難的根源」。

　　自一九二九年以來，大學生不僅是納粹黨的後備隊伍，也是文化戰場
上的衝鋒隊員。「民族社會主義德意志學生聯盟」(Nationalsozialistischer
Deutscher Studentenbund/NSDStB) 是納粹黨屬下的一個組織。一九三三年，
這個學生組織的成員只佔全國大學生的 5%，卻左右學生運動，也是大學內
的反猶太主義先鋒。

　　一九三三年四月，〈恢復公職人員法〉公佈之後，這個學生聯盟根據「亞
利安人條款」(參見：五／一、一九三三年～一九三九年：「合法的」迫害，
頁 157)，自動向有關單位提出猶太人教授名單，同時向祕密警察通風報信，
在教職員中誰是共產黨人、社會民主黨及其同路人。到了一九三六年底，
僅在柏林就有二百三十位猶太教授被趕出大學，包括愛因斯坦。一九三六
年全國共有一千五百多名教授因為種族、政治因素離開校園。

　　一九三三年五月十日夜，在全德國的大學城市進行焚書行動，燒毀所

謂「頹廢的和猶太人的著作」。主辦這個焚書行動的組織就是「民族社會主
義德意志學生聯盟」。從上一世紀的馬克思、海涅開始，凡是政治人物如：
斐貝爾、波恩斯坦、普魯斯（《威瑪憲法》起草人，猶太人）；學術人物如：
愛因斯坦、弗洛依德；作家如：布萊希特、雷馬克、屠浩斯基的著作，以
及外國作家如：海明威、倫敦的作品都難逃一劫。僅在柏林一地，一次就
燒了四萬多本書。總之，在政治、歷史、文學、學術方面不符合納粹主義
世界觀的論著，一概禁止。這是納粹黨人在思想方面進行的「納粹主義一
體化」，是德國式的「罷黜百家」。

一九三三年七月二十四日，「民族社會主義德意志大學教師聯盟」(Na-
tionalsozialistischer Deutscher Dozentenbund)（也是納粹黨屬下的一個組織）
重新改組，與上述的學生聯盟合作，控制了德國大學的行政組織及以傳播
納粹主義世界觀為主的授課內容。

在納粹黨人推行「納粹主義一體化」的過程中，德國大學是一個特殊
的領域。

G. 種族淨化

根據希特勒的世界觀，德意志民族是一個血緣共同體。一個民族的特
徵是血統的純潔；混血勢將導致種族品質的下降，乃至文化的衰滅。希特
勒反對混血，主要是以猶太人為對象，但是他從維持和提高種族品質的立
場出發，特別重視整體民族的健康。換句話說，德意志民族要用優生學來
加以醇化，要從遺傳學的立場來進行保護，要加強和擴大「血緣共同體」。

納粹政權不推行「一胎化政策」，也不宣傳「兩個恰恰好」，而是多多
益善。從一九三八年起，納粹政府對生四個孩子的母親，給予銅製「德意
志母親榮譽十字章」，生六個到七個孩子可獲得銀製十字章，生八個以上者，

圖 18　一九三三年五月十日，在柏林，「民族社會主義德意志學生聯盟」與衝鋒隊聯合，在柏林大學對面的歌劇院廣場進行焚書行動。這是「納粹主義一體化」的「罷黜百家」。

圖 19　這是一張在德國非常少見的反猶太主義海報，原名為「德國」。一九二○年左右出現在德國南部，畫家姓名 (A.H.) 不詳。這張海報所要表達的意思是：亞利安人與猶太人的混血，是德國的滅亡。

賜予金牌十字章。至一九三九年共有三百萬德意志婦女拿到這個「德意志母親榮譽十字章」。

　　一九三三年，希特勒說：「在我的國家裡，母親是最重要的國家公民。」宣傳部長戈貝爾對希特勒這句話的詮釋是：「一個女人首要、也是最佳的位置是在家庭；她要完成最美善的任務就是為她的國家和民族生孩子。」大哲學家尼采 (Friedrich Nietzsche, 1844–1900) 說得更是明白：「男人，把他們教育成為能打仗的人，婦女就是慰勞戰士，至於其他一切都是愚蠢的。」

　　根據希特勒的意思，納粹黨人在「更新民族健康」方面對自己人採取了諸多「淨化」措施，也可以說是「種族淨化一體化」。

　　一九三三年三月二十二日，在內政部成立了「種族淨化處」(Referat: Rassenhygiene) 之後，七月十四日，政府公佈〈遺傳性病患後代防止法〉。根據這個法令，對天生智障、精神分裂、遺傳性身體缺陷者等病患，要進行結紮手術，一直執行到一九三九年八月三十一日下令停止。

圖 20　希特勒說：「女人也有她們的戰場；她們為國家生孩子，就是為國家進行她們的鬥爭。」
八月十二日是希特勒母親的生日。每年的這一天，納粹政府對生四個孩子以上的母親贈予「德意志母親榮譽十字章」（左圖），生八個孩子以上者，賜予金製十字章（見下頁圖 21）。

圖 21

接著自一九三九年十月起，在進行波蘭戰爭之後，希特勒批准執行「安樂死行動」("Euthanasie–Aktion") 即對成年的精神病患者及剛出生的畸形兒童這些「無價值生命」進行屠殺。對兒童用注射毒藥致死，對成年人精神病患者，自一九四〇年一月，開始在布蘭登堡試用毒瓦斯 (Kohlenmonoxyd) 進行屠殺，同時又在哥拉芬艾克 (Grafeneck) 建造附設焚化爐的毒瓦斯室。一九四一年八月二十四日，由於來自外界的壓力，希特勒下令停止「安樂死行動」，但是暗中仍在進行。到了一九四一年八月，在德國本土的六個「安樂死療養院」遭受屠殺的受難者高達七萬多人，「兒童安樂死」的數字當在五千人左右。

四、勒姆事件

從納粹黨人於一九三三年進行全國上下一體化的過程中可以看出，衝鋒隊配合納粹黨的「文攻武打」策略，為希特勒取得「全部政權」立下了汗馬功勞。但是在打下江山之後，衝鋒隊這個組織就成為當道一個製造問題的包袱，最後導致「勒姆事件」──一場血腥的政治大屠殺。談勒姆事件，要從衝鋒隊的歷史談起。

一九二〇年一月初，希特勒接任德意志工人黨「宣傳部主任」職務之後，加強集會宣傳活動。當時演講會場經常有左派聽眾，尤其是共黨分子，搗亂鬧事。於是德意志工人黨仿效其他政黨，組織「會場衛隊」，把搗亂喊叫的聽眾，拳打腳踢，拖出會場，「維持秩序」。

一九二一年七月，希特勒接任黨揆之後，就著手整頓「會場衛隊」這個消極組織，改造成為一個由他個人直接領導、用來「推動群眾運動」的

戰鬥組織，也有用來鞏固自己在黨內地位的用意。所謂「推動群眾運動」，實際上就是要衝鋒隊員走出會場，衝向街頭，在遊行示威時，跟共產黨人進行街頭武鬥。

一九二一年十一月四日，「會場衛隊」這個組織更名為「衝鋒隊(Sturmabteilung/SA)」，由勒姆 (Ernst Röhm, 1887–1934) 出任隊長。希特勒說：「衝鋒隊是代表和增強（納粹黨）世界觀鬥爭的一個工具，它不是一個軍事單位，也不是一個祕密組織，它是民族社會主義思想的衛兵。」

勒姆，職業軍人，軍階上尉，曾參加第一次世界大戰。一九一九年戰後加入志願軍，鎮壓共產黨在慕尼黑建立「蘇維埃共和國」的暴動。同年加入德意志工人黨，結識希特勒。一九二三年十一月，以衝鋒隊隊長身分參加希特勒策發的慕尼黑暴動，一同被捕、坐牢。此後勒姆是希特勒的「親密戰友」。暴動失敗，衝鋒隊被禁止活動，這個組織也解散了。一九二五年初，希特勒出獄後，又委任勒姆重建衝鋒隊，擔任隊長。勒姆反對希特勒走「合法路線」，主張把衝鋒隊改組成為一個準軍事組織。希特勒拒絕。一九二五年四月，勒姆退出政治活動。一九三〇年秋，希特勒又把勒姆請回，繼任衝鋒隊長職務。一九三三年一月，希特勒出任首相時，衝鋒隊有六十五萬人。

半年後，一九三三年六月，勒姆在《民族社會主義月刊》發表一篇引人注目的文章，文中說：「衝鋒隊反對保守和反動勢力或投機分子進行破壞或攪水的嘗試，決心繼續進行德意志革命。衝鋒隊決不容忍德意志革命僵化。」勒姆強調：「不管他們願意與否，我們要繼續戰鬥下去。如果他們能夠搞清楚這是為甚麼，就跟他們一起鬥爭！如果他們無意，我們就單幹下去！在不得已的情形下，只好反對他們！」勒姆認為，納粹黨在進行一體化中所獲得的，不過是所謂「民族社會主義革命」的部分成果，微不足道。

圖22　一九三三年一月三十日，在柏林體育館希特勒與「親密戰友」勒姆一同觀賞歌劇。

換句話說，「革命尚未成功，同志仍須努力」。

　　這個時候，衝鋒隊因為吃掉了兩個類似的右翼組織，已經擁有四百五十萬人。

　　七月六日，希特勒利用大小政黨都已經解散的機會，對「中央行政長官」發表演講，正式宣佈：「民族社會主義革命」已經完成。下一個階段的目標是：「在獲得對外主權的同時，必須進行對人民的內心教育。」借用共產黨的術語就是「交心」。

　　一九三四年新年，希特勒寫了一封情文並茂的私函給勒姆，感謝他和衝鋒隊對黨的貢獻，但是同時用堅定的語氣指出：陸軍對外，保衛國家。衝鋒隊的任務是對內，保證民族社會主義革命的成果以及民族社會主義國家與人民共同體的存在。這封「私函」於一九三四年一月二日在黨報《民族觀察者日報》發表，不無警告之意。

圖 23　一九三三年九月，納粹黨在紐倫堡舉行「全國黨大會——信仰的勝利」，慶祝納粹黨取得政權。衝鋒隊有十萬人參加，希特勒在領袖臺前檢閱衝鋒隊各地「旗隊」。

希特勒一言九鼎，但是沒有解決核心問題。勒姆要進行「第二次革命」，
是因為他認為在取得「全部政權」的道路上，國防軍還是一個絆腳石。勒
姆要用衝鋒隊取代國防軍，分享革命成果。另外，如果革命已經完成，衝
鋒隊員就面臨遣散的威脅。在當時失業問題還沒有完全解決之前，遣散就
是失業，沒有飯吃。至於軍方保守將領雖然沒有對希特勒及納粹黨公開表
示反對，但是他們並沒有放棄維持「國中之國」獨立地位的企圖，而且是
唯老帥興登堡馬首是瞻。

一個月後，二月一日，勒姆向國防部長布倫柏 (Werner von Blomberg,
1878–1946) 提出一份備忘錄，主張國防任務交由衝鋒隊負責，國防軍的任
務是為衝鋒隊訓練戰鬥人員。二月間，勒姆在柏林檢閱衝鋒隊隊伍時又說:
「如果有人認為衝鋒隊已經完成任務，他要好好想想，我們還在，還想繼
續存在，不問代價!」勒姆公開要求成立「人民兵團」，要使這個「灰色的
國防軍磐石」在「褐色的衝鋒隊洪流中消失」。換句話說，勒姆的「第二次
革命」就是衝鋒隊吃掉國防軍，取得正統地位。

勒姆公開挑釁，引起國防軍將領的反抗，不能坐視。解決衝鋒隊問題
還須繫鈴人希特勒。為了爭取希特勒，國防部長布倫柏首先下令軍方正式
使用納粹黨徽卐字，同時，一九三四年三月十二日，引用「亞利安人條款」
把七十多位將校開除軍職。至於希特勒，他的政策是:「先安內，後攘外。」
安內是為了攘外。攘外就是發動征服生存空間的戰爭。進行這樣一場史無
前例的毀滅戰爭，希特勒要有強大的國防工業和正規的武裝力量，而不是
衝鋒隊這些烏合之眾的打手組織。此外，八十七歲的老總統興登堡病重，
不久就要撒手西歸。希特勒想要接班。但是成為國家元首和三軍統帥，必
須有國防軍的支持，希特勒搞懂了槍桿子裡出政權的大道理。在黨內親信
戈林和戈貝爾的再三慫恿之下，希特勒決心解決衝鋒隊及勒姆問題。

二月二十八日，希特勒在解決衝鋒隊問題與軍方取得協議之後，在國防部召見軍方及衝鋒隊代表商談雙方的合作問題。希特勒表示堅決反對把衝鋒隊擴大為「人民兵團」的構想，衝鋒隊的任務限於政治範圍。國防軍是「國家唯一的武裝力量」。

會後，勒姆對自己人憤怒地說：希特勒「這個可笑的二等兵所說的，對我們沒有任何意義。希特勒毫無信義，至少應該度假去。如果不合作，那我們就撇開希特勒自己幹！」在場的一位衝鋒隊高幹魯茲 (Viktor Lutze, 1890–1943) 把勒姆的這些話密報希特勒。勒姆被殺死後，魯茲接任衝鋒隊隊長。

勒姆敢在太歲爺頭上動土，使希特勒決心徹底解決勒姆和衝鋒隊問題，但還不知道如何下手，只有靜觀待變。大屠殺是最後一刻的「即興之作」。

一九三四年四月十一日，希特勒檢閱海軍演習。藉此機會，希特勒與海陸軍高級將領談到興登堡死後的接班人問題，表示有意問鼎。軍方同意，但是提出一個條件：勒姆的衝鋒隊不能代替國防軍，只有國防軍才是國家正統的武裝力量，必須粉碎勒姆的野心計畫。希特勒完全同意。

一星期後，四月十八日，勒姆在一次演講中公開攻擊政府機構中的保守勢力。他說：納粹政權「對這些舊制度的代表人物和傀儡太過寬容」，沒有徹底清除。換句話說，「第二次革命」還要繼續下去。

六月五日，希特勒與勒姆晤談五小時，要求勒姆放棄「第二次革命」的想法，以及勒姆堅持把衝鋒隊擴大為「人民兵團」的計畫，雙方未能取得共識。希特勒決心採取具體措施，但是還沒有想到用屠殺手段解決問題。

希特勒與勒姆晤談之後，以衝鋒隊最高領導人的身分下令衝鋒隊員強制休假，即在七月這個月，衝鋒隊員「休假」，不得執行任務或參加遊行活動。在「休假」期間也不准穿衝鋒隊制服亮相。

六月十日，勒姆不甘示弱，發表一封給衝鋒隊員的公開信：有人希望衝鋒隊休假之後不會回來，或者只有部分人員回來；就讓這些人先樂一下。時候到了，他們就會得到恰當的答案。勒姆說：「衝鋒隊是，而且永遠是德國的命運。」

六月中旬，希特勒在威尼斯會晤義大利的墨索里尼 (Benito Mussolini, 1883–1945)。首次出國歸來後，聽到「傳說」：勒姆曾與前首相史萊赫將軍 (Kurt von Schleicher, 1882–1934) 密談，決意推翻當前政權。納粹黨內的左翼激進分子史特拉塞 (Gregor Strasser, 1892–1934) 也參與造反計畫。

六月二十一日，希特勒前往東普魯士，探望總統興登堡，巧遇國防部長布倫柏。後者對希特勒說：如果希特勒「不盡快解除緊張局勢」，也就是解決勒姆這個危險人物，總統就要下令全國進入緊急狀態，由軍方全權執行戒嚴。

對希特勒來說，如果勒姆造反的「傳說」成真，如果總統宣佈戒嚴，由軍方控制全國，其結果是希特勒迄今在取得「全部政權」方面所獲得的成果，勢將化為泡影。希特勒必須在八月一日衝鋒隊員「休假」歸來之前，採取行動。

就在這個緊張時刻，以巴本副首相為首的保守勢力，想要找一位適當的人選來接任總統職位，同時勸說興登堡在他的遺囑中明言主張恢復君主體制。一九三四年六月十七日，巴本在馬堡大學演講，公開攻擊納粹的暴力做法，是一種極權統治。巴本這些保守分子的「雜音」太大，不能坐視。希特勒又以衝鋒隊最高領導人身分，下令於六月三十日召開衝鋒隊幹部會議。地點是一個距慕尼黑南方五十公里的療養小鎮。當時勒姆正在這裡休養。六月二十四日，希特勒把召開衝鋒隊幹部會議的決定，告知國防部長布倫柏。

　　六月二十八日，希特勒參加在艾森市一位黨「中央管區主任委員」的婚禮，希特勒是主婚人。晚宴時，希特勒接獲祕密警察的情報說：六月三十日，總統興登堡將接見副首相巴本，因為後者要取得總統的同意，採取限制希特勒及勒姆權限的措施。希特勒匆忙離開，返回旅館。

　　六月二十九日下午，希特勒前往波昂。戈貝爾從柏林飛來，要求馬上對付巴本。但是希特勒深信，巴本會見老帥，還不構成「生死威脅」，勒姆與史萊赫將軍密謀造反，「危在旦夕」。希特勒決定先下手為強。國防軍火速運送黨衛隊隊員七百多人前往慕尼黑，並提供武器，戈林坐鎮柏林，下令警察單位及黨衛隊戒備待命。

　　六月二十九日的半夜，也就是六月三十日的凌晨兩點，希特勒在戈貝爾等親信的陪同下，飛往慕尼黑。在機場希特勒又聽到報告說：有三千多名衝鋒隊員在慕尼黑街頭遊行、鬧事。他們的口號是：「領袖反對我們！國防軍反對我們！衝鋒隊走上街頭！」希特勒怒不可遏，在大批人馬的陪同下，馬上乘車前往開會地點抓人。

　　清晨六點半，希特勒到達勒姆及其他衝鋒隊高幹下榻的旅館。希特勒親自把勒姆從床上拉起來，用手槍對他說：「你被逮捕了！」勒姆驚魂未定，注視怒氣沖沖的希特勒問：「出了什麼事，阿道夫(希特勒名)？你發瘋了?!」

　　勒姆及其他被捕的衝鋒隊高幹，馬上被押往慕尼黑的司法監獄。當天，十九名衝鋒隊高幹，根據希特勒的命令，未經任何法律審判，在監獄廣場就被黨衛隊人槍決了。至於「親密戰友」勒姆，希特勒猶豫不決。首先下令「賜死」，勒姆拒絕自殺，要希特勒親自動手。七月一日，還是由黨衛隊幹部解決了這個尷尬的問題。巴本因為背景、地位特殊，網開一面，先軟禁，後下放——任德國駐維也納大使，但他的兩名親信被黨衛隊槍殺了。

　　七月二日，希特勒宣佈結束「清黨行動」。戈林下令警察單位燒毀一切

有關文件。根據黨衛隊的資料，「勒姆事件」一共有八十五人被槍決處死，其中只有五十人是衝鋒隊幹部。據估計，在這場大屠殺中死去的人數當在一百五十人至二百人左右，其中包括前首相史萊赫將軍和夫人，以及他的親信，也是一位將軍。

第二天，七月三日，希特勒召開內閣會議，宣佈勒姆有意造反，政府不得不迅速採取相應措施。這是「國家的正當防衛」。希特勒提出一個法令草案，內閣一致通過，沒人反對。這個法令只有一句話：「為了鎮壓一九三四年六月三十日、七月一日及七月二日謀反及叛國的攻擊行為而採取的措施，……視為國家的正當防衛是正確的。」

這個法令追認由政府領導人所主持的政治大屠殺是合法的；主要兇手希特勒成為最高法官。會議上，國防部長布倫柏以全體閣員名義向希特勒致謝，感謝希特勒以「堅定的和勇敢的措施使德國人民避過一場內戰」的災難。國防部長的歌頌等於接受兩位無辜高級將領的謀殺。

七月十三日，希特勒在國會發表公開演講：「如果有人指摘我，為什麼沒有經過法律程序判決？我只能說：在這一時刻，我要對全德意志民族的命運負責，也就是說，我是德意志人民的最高法官。……是我下令槍決叛逆的主要罪犯，是我進一步下令，把內在的中毒潰瘍和外在毒害用燒灼的方法除去，一直燒到鮮紅的血肉出現。」

希特勒用勒姆事件昭示全國：逆我者亡！

勒姆事件的幕後陰謀，局外人無法得知。衝鋒隊的褐色恐怖，不得人心。希特勒的「果敢行動」受到小市民的普遍贊揚。戈貝爾發動宣傳機器，揭發衝鋒隊高幹搞同性戀，生活揮霍，貪污枉法，更引起小市民的注目，沒人談論希特勒主持謀殺的無法行為。

無巧不成書，就在勒姆事件結束後不久，八月二日，總統興登堡逝世。

前一天，八月一日，老帥還未嚥氣，希特勒召開內閣會議。根據希特勒的意思，內閣一致通過一項法令：興登堡死後，由希特勒「接班」。接班是說：取消總統這個國家元首職位，把「總統與首相」合二為一，稱為「領袖與首相」(Führer und Reichskanzler)。這個法令既與憲法牴觸，也違反〈授權法〉，因為〈授權法〉第二款明言政府法令「不得觸及總統權限」。當時，納粹黨人在希特勒內閣中還是少數派，但是沒有「雜音」。會議上，國防部長布倫柏主動宣佈：興登堡死後，三軍將士馬上向「領袖與首相」希特勒個人宣誓效忠。這是一個投機的違憲行為。國防軍的一體化是送上門來的。勒姆事件，使國防軍成為希特勒的戰爭工具。

自一九三四年八月二日起，希特勒是國家元首、納粹黨揆、最高行政首長——首相，也是三軍統帥，三軍官兵要向希特勒個人宣誓效忠。換句話說，希特勒不對任何人、任何黨政機構負責，也沒有憲法約束。希特勒是貨真價實「無法無天」的獨裁「領袖」。希特勒沒有接班人，也沒有任何法令根據可以推出一位接班人，因為希特勒深信沒人可以取代他，因此他要在有生之年實現他在《我的鬥爭》書中所揭示的世界觀。在德意志的「千年歷史」中，甚至整個世界史上還沒有出現過一位統治者，擁有如此這般的頭銜與權限。二等兵希特勒的「成就」，確是前無古人。

八月十九日，舉行公民投票：贊成還是反對八月一日內閣通過的〈領袖與首相〉這個合二為一的法令。有三千八百萬選民贊成(89.9%)，只有四百二十五萬人反對(10.1%)，投票率是95%。勒姆事件後，希特勒在老百姓心中的聲望是步步升高。勒姆事件也使希特勒終於取得「全部政權」。

從開始，希特勒就有取得「全部政權」的野心，但是沒有具體構想，更談不上計畫。從一九三三年一月出任首相，到一九三四年八月二日興登堡逝世，在這短短一年零八個月的時間，希特勒終於能夠取得「全部政權」，

並非希特勒有超人的才能和聲望所致。希特勒善於運用偶發事件，製造對
自己有利的大氣候。無法無天，出其不意的幹法，又使政敵措手不及，招
架無力。更重要的是，一小撮沒有政治細胞的軍人，隨風倒的投機政客，
以及追求更多權勢的黨內親信，為希特勒不斷製造「奪權」的機會。

六月三十日的勒姆事件，是由希特勒主持的一場政治大屠殺。在德國
的史學著作中因而稱為："Nacht der langen Messer"。這是德語中的一句「成
語」，意指一個政黨或團體內部的互相殘殺。在臺灣出版有關德國歷史的論
著中，通常譯為「長刀之夜」（王琪：《第三帝國時代⋯⋯》，頁123, 144）。
但是也有人譯為「月黑殺人夜」（吳友法：武漢版，頁189；臺北版，頁253），
這種譯法與原意相去過遠。

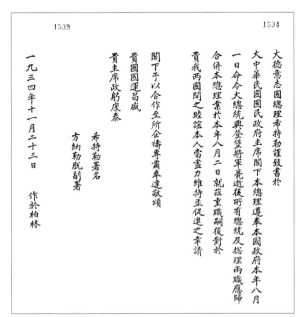

圖24　資料來源：中央研
究院近代史研究所外交檔
案原件抄本

五、黨衛隊

希特勒要進行征服生存空間的戰爭，因此要有強大的武裝力量；國防軍的任務是「攘外」。衝鋒隊是希特勒打江山時期的一個打手組織，重量不重質，隊員是一群「烏合之眾」。在打下江山和解決勒姆事件之後，希特勒要建立一個由他個人直接領導的、有紀律的菁英組織，用來「安內」。這個組織就是「黨衛隊」(Schutzstaffeln/SS)。

黨衛隊在納粹統治的年代，是納粹暴政的主要支柱。特別是一九三九年希特勒下令進攻波蘭之後，黨衛隊在佔領地區負責控制滅絕集中營，執行日耳曼化政策以及屠殺猶太人的重大任務。因此在德國史學著作中，「第三帝國」又稱為「黨衛隊國家」(SS-Staat)。戰後，紐倫堡國際法庭判決黨衛隊是一個「犯罪組織」。

一九二三年五月，希特勒下令建立了一個保護他個人的「希特勒衛隊」。一九二五年夏，更名為「黨衛隊」，隸屬於衝鋒隊。同年十一月初，在解除納粹黨黨禁之後，逐漸發展成為納粹黨的一個「警察單位」，主要負責納粹黨領導人物及各種重要集會的安全。

一九二九年一月六日，希姆勒接管黨衛隊。他的官銜是「黨衛隊全國領袖」(Reichsführer SS)。這個時候，黨衛隊只有兩萬人。在一九三二年希特勒接任首相前夕增至五萬兩千人，到了一九三三年底，發展成為一個有二十多萬人的組織。

希姆勒上任，是黨衛隊歷史的開始。

　　在希姆勒的策劃下，一九三一～三二年成立了一個「黨衛隊全國領袖安全局」。「安全」係指偵察國內政敵動態以及監視納粹黨內的言論與行動，也是一個諜報組織，負責人是希姆勒的親信海德里 (Reinhard Heydrich, 1904–1942)。

　　根據希特勒的意思，希姆勒把黨衛隊發展成為一個實現納粹主義世界觀的菁英隊伍。他說：黨衛隊「應為整個民族的模範和導師」，黨衛隊的口號是：「我們的榮譽是效忠」領袖，「效忠至死」。黨衛隊隊員的選拔非常嚴格：北歐人種，血統清白（一般隊員的純亞利安人血統至少要回溯到一八八〇年，領導幹部要向上延伸到一七五〇年），身體魁梧，外貌端正。黨衛隊隊員要脫離教會，妻子亦然。達到一定年齡時必須結婚；訂婚或結婚要取得「黨衛隊全國領袖」希姆勒的批准。

　　根據希特勒的種族論點，黨衛隊鼓勵製造亞利安人的優秀人種，規定黨衛隊隊員至少要生四個孩子。如果在婚內不能完成「生產任務」，婚外情也可以。為了解決這個問題，希姆勒下令於一九三五年底成立了「生命源泉社」(Lebensborn e.V.)。這個組織到了一九四四年，在德國本土有十三個由「生命源泉社」經營的養育院，一共出生了一萬一千個私生子女。養育院的主要責任是撫養這些私生子、保存出生紀錄、解決贍養費以及代找領養人等問題。

　　在第二次世界大戰期間，德軍佔領了丹麥、挪威等北歐國家。黨衛隊領導主張製造優秀人種，越多越好，在這兩個國家也發生了「生命源泉兒童」問題。據丹麥的官方統計，丹麥女人跟德軍官兵發生關係出生的私生子女，當在六千至八千人左右。德軍在丹麥不受歡迎，「生產成果」平平。挪威情況則不同。

　　黨衛隊宣傳說：「像這樣的挪威婦女，我們非常願意把她們納入德意志

的民族共同體。」當時挪威的人口是四百萬人，但是德國佔領軍的總數超過四十萬人，佔領五年。據估計，自一九四〇年至一九四五年共有一萬二千多「生命源泉兒童」出生，有八十二個由黨衛隊經營的養育所照顧與德國軍人發生關係而懷胎的婦女、母子，以及德國父親的私生子女。戰後，這些挪威婦女被斥為「德國妓女」、「德國軍人的肉床」，無法取得各種社會福利。至於德國軍人的私生子女，被視為「德國垃圾」，備受歧視。有關「生命源泉兒童」的檔案資料，挪威政府列為機密，不准查閱；「生命源泉兒童」這個題目，定為禁區，不准談論。

一九五九年，西德聯邦政府對德國父親的私生子女及其挪威母親賠償了五千萬馬克。挪威政府保密，這筆賠款去路不明，一直到一九九八年才被人揭發。這些心靈備受創傷的挪威母親和德國父親的私生子女聯合成立了一個「生命源泉兒童協會」，向挪威政府提出賠償要求，掀起一陣「還我青春」的「翻案風」。

追本溯源，主張種族論點的希特勒是始作俑者；人死了已經五十多年，還像一個幽靈，到處遊蕩，興風作浪。

在希特勒出任首相之前，國防軍負責國家首長的安全保衛。希特勒接掌政權之後，於一九三三年三月十七日下令改由黨衛隊選出的一百二十名隊員擔任首相希特勒的安全衛隊：「阿道夫‧希特勒親衛隊」，隊員向希特勒個人宣誓效忠。這個組織是當時國防軍以外唯一合法的武裝隊伍（1939年初有 14,000 人），不受任何政府機構的監督與控制，是一個執行希特勒個人命令的武裝隊伍。在勒姆事件大屠殺的過程中，這個「阿道夫‧希特勒親衛隊」牛刀小試，完成了領袖指示的任務。

勒姆事件過後，一九三四年七月二十日，希特勒下令整個黨衛隊脫離衝鋒隊，成為納粹黨內的一個「獨立」單位，接受領袖希特勒的直接領導。

圖 25　希特勒在柏林威廉大街首相府前，檢閱「阿道夫·
希特勒親衛隊」。

這是黨衛隊崛起的開始，也是希特勒取得「全部政權」的結束。衝鋒隊從此一蹶不振，不再發生任何政治作用。

　　黨衛隊的主要任務是「安內」。因此黨衛隊全國領袖希姆勒必須首先取得全國警察的控制權。

　　一九三三年，基本上希姆勒控制了德國南部的警察單位。北部普魯士是佔全國三分之二面積最大的一個邦，內政（警察）由邦總理戈林負責。同年四月，戈林下令成立「祕密警察局」，是一個在警察總署之外的獨立單位，接受戈林的直接領導。一年後，一九三四年十一月，在希特勒的示意之下，戈林交出祕密警察大權，由希姆勒接收，成為全國「祕密警察」（Geheime Staatspolizei/Gestapo；中譯：蓋世太保）的頭目。希姆勒還要進一步控制由內政部管轄的便衣「刑事警察」（Kriminalpolizei/Kripo）及「治安警察」（Ordnungspolizei/Orpo，在城市及地方穿制服的警察）。在希特勒

的支持下，並且根據一九三四年六月十七日的「領袖命令」，希姆勒被任命為「黨衛隊全國領袖暨在內政部內的德意志警察總長」(Reichsführer SS und Chef der deutschen Polizei im Reichsministerium des Innern)。這個頭銜是在名義上的妥協，給內政部長，也是黨的老同志一個面子。事實上，內政部從此無權過問警察業務。「在內政部內」，希姆勒連一個辦公室都沒有。從此警察單位隸屬於黨衛隊；黨衛隊接受希特勒的個人領導，黨衛隊隊員要向希特勒無條件效忠。全國警察單位不受任何政府機構或納粹黨的監督與控制，是希特勒個人的武裝隊伍；這是警察的「非國家化」。在現代獨裁國家的歷史中，這是一個具有「希特勒特色」的罕有現象。

一九三九年九月二十七日，希姆勒下令合併「黨衛隊全國領袖安全局」與「公安警察」(Sicherheitspolizei；包括：祕密警察、刑事警察)，成立了黨衛隊「全國安全總局」(Reichssicherheitshauptamt)，由希姆勒直接領導，負責人是海德里。總局的第三處是：國內情報，第四處是：祕密警察，第五處是：刑事警察。

祕密警察是最重要的一個單位，座右銘是：「眼觀六路，耳聽八方，無所不知。」(Sieht alles, hört alles, weiss alles.) 祕密警察除了抓人、審訊之外，要向黨和政府的有關單位提供「參考消息」，以及向上級提出關於民心、民意的每日政情報告。

「全國安全總局」在一九三九年初有七千多名工作人員。當時沒有電腦、傳真、複印機和行動電話，人數有限，不可能日夜監視、控制八千萬人口（包括德國本土及合併地區）。祕密警察蒐集情報主要是靠「線民」，特別是小市民的「告密」。「告密」分兩種：①官方機構的告密，就是治安警察、郵政局、保健局、鐵路局等官方機構提供有關問題人物的資料。②小市民對左右鄰居的「可疑人物」，尤其是猶太人的行動，自動告密。小市

圖 26　　一九三四年四月二十日，國家「祕密警察局」局長戈林任命希姆勒為副局長。

圖 27　　一九三九年九月，希姆勒下令成立黨衛隊「全國安全總局」，負責人是海德里。這張照片上的海德里於一九四二年四月視察捷克布拉格的「全國安全總局訓練中心」，注視大廳牆上寫的希特勒「語錄」。

民的告密，無論在質或量方面，都是祕密警察的重要消息來源。這種自發
的告密行為說明納粹統治者與大多數小市民的「密切」關係。為數不少的
「普通德國人」不是祕密警察監視、控制、壓迫的主要對象，而是祕密警
察追蹤、清除納粹「政敵」的幫兇。

　　一九三九年希特勒下令進攻波蘭之後，黨衛隊的權力，急速膨脹。其
任務包括在波蘭佔領地區控制集中營，執行日耳曼化政策和主持滅絕猶太
人的大屠殺。

第三章　擴張政策

一九三三年二月三日，希特勒出任首相後的第四天，對陸海軍高級將領發表了政策性的重要談話。根據紀錄，要點如下：

整體目標只有一個，就是動員整個國家領導（所有部門）恢復政治主權。

①在內政方面，徹底改變德國的目前情況，不能容忍任何反對此一目標的政治勢力活動（和平主義）。

誰不改變（世界觀），就迫使屈從。根絕馬克思主義。

教育青年及全體人民：只有鬥爭才能保障生存，其他一切都處於從屬地位。……運用一切手段鍛鍊及加強青年人的戰鬥意志。

叛國者及賣國者處以死刑。

建立強有力的、權威的國家領導，徹底清除民主這個根深蒂固的弊病！

②在外交方面，廢除〈凡爾賽和約〉。在日內瓦「裁軍會議」上取得平等地位。……尋找盟友。

③在經濟方面，拯救農民。用人為手段加強出口毫無意義；到處生產過剩，各地容納力有限，移民是唯一辦法。大量失業人口目前又見緊張，但是需要時間，沒有極端的措施可以改變，因為（德意志）

民族的生存空間太小。

④重建國防軍是恢復政治主權的重要前提。為此必須實施普遍義務兵
役制度。但是首先國家領導必須注意的是：這些要服兵役的人在入
伍之前或服役之後，不能遭受和平主義、馬克思主義、布爾什維克
主義毒素的污染。

在取得政權之後，下一步要做什麼？……也許更好一點就是在東部
（歐洲）征服生存空間以及徹底實現無情的日耳曼化政策。

上述希特勒的談話，基本上沒有超出他在《我的鬥爭》書中所揭示的
核心論點的範圍。不同的是，《我的鬥爭》是一個在野小黨領袖的書面政見、
自我宣傳。二月三日的談話，則是一個國家領導人的施政方針，意義不同。
這個談話說明，希特勒對他自己的世界觀是信守不渝，死而後已。

在內政方面，在「打下一個嶄新的、以納粹主義世界觀之堅定的和統
一的基礎」之後，在對外方面，希特勒要廢除〈凡爾賽和約〉，全力恢復國
家主權，以及在經濟上和軍事上進行征服生存空間的準備。對於這些課題
的解決，當時希特勒還沒有具體構想。

在《我的鬥爭》書中，在野的希特勒狂妄自大，殺氣騰騰。但在執政
伊始，態度不同。因為當時的納粹德國還不具有向英、法列強挑釁的實力；
外交孤立，沒有與國。一招錯棋，即將招致外力干涉，影響大局。因此，
希特勒不得不採取低姿勢，擺出一副和平面孔。

一九三三年五月十七日，希特勒在國會演講中謙虛地強調：新政府的
外交政策是蕭規曹隨，實現威瑪共和時期以來德國人民以和平手段修正〈凡
爾賽和約〉的願望，接受德法邊界。「德國衷心追求和平，不論何種方式的
歐洲戰爭，德國都不會得到什麼。」「沒有一個德國人想要戰爭。上一次戰
爭使我們有兩百多萬人死亡，七百五十萬人受傷。就算我們取得了勝利，

這個勝利的代價也是得不償失的。」(1936 年)「我們沒有破壞和平的意思。」
（1938 年）「在所有過去的年代裡，我一再表示我對戰爭的憎惡，……我
愛和平。」(1939 年) 一九三六年三月七日，在德軍進佔萊茵非武裝地區之
後，希特勒在國會演講中大聲疾呼：從此放棄在歐洲的領土要求。

　　希特勒唱作俱佳，在國內國外也確實收到了預期的宣傳效果。當時的
歐洲強國，特別是英國，一直到一九三九年初希特勒下令進佔捷克，還沒
有認清希特勒的本來面目。在國內，對於希特勒的擴張政策，傳統的、保
守的軍事將領和行政官僚，以及企業人士與社會菁英完全認同，全力支持；
只是某些軍方及外交領導人在落實政策方面，持有不同意見而已。

一、退出國聯・重整武裝

　　一九三二年二月初，國際聯盟召開裁軍會議。該年底，十二月十一日，
英、美、法、義、德發表五國聲明：解除〈凡爾賽和約〉第五部分關於軍
事條款的約束。也就是說，德國從此獲得軍事上的平等地位，但有關細節
還要談判解決。一九三三年初談判細節的時候，西方國家賴帳，不願意接
受德國的要求，在軍備問題上平起平坐，提議五年以後再談。這是法國的
提案，英國支持。希特勒說：「這是對德意志民族的侮辱。」藉此機會，希
特勒首先下令退出裁軍會議，接著於十月十四日退出國際聯盟。

　　退出國際聯盟，說明德國從今拒絕以國際條約和以和平手段解決糾紛
的集體安全制度。當時的德國總統是興登堡元帥。老帥完全同意，認為從
他的基本信念來說，「這是合乎邏輯的結果」。一個月後，十一月十二日，
舉行國會選舉，同時舉行公民投票：是否贊成政府退出國際聯盟的外交政

策。投票率是 96.3%，選民總數是四千五百萬，其中就有超過三千九百萬以上的選民，即 90%，贊成退出國際聯盟。

退出國際聯盟，在國內獲得全民支持；希特勒初露鋒芒，聲望大震，但在外交方面則使德國的處境更加孤立。希特勒要「修正」〈凡爾賽和約〉，恢復主權，西方的英、法兩國是主要的鬥爭對象。從遠程目標來看，蘇俄與波蘭則是兩個死對頭。但是當時的納粹德國羽毛未豐，不能四面樹敵，自找麻煩；改善外交處境，有其必要。希特勒的策略是「遠交近攻」，首先穩住蘇俄與波蘭，解除後顧之憂。

在討論德蘇關係之前，首先要說明〈羅加諾條約〉簽署的經過與意義。

威瑪共和時期外長史特雷斯曼 (Gustav Stresemann, 1878–1929) 的外交政策是：對西方國家，特別是法國，尋求諒解與合作；對東方的蘇俄，保守中立。

在史特雷斯曼的努力奔走之下，一九二五年十月五日，在瑞士南部的羅加諾城召開國際會議，有七國參加：英、法、德、義、比利時、捷克及波蘭。十月十六日會議結束，一共簽署了八個條約，總稱〈羅加諾條約〉(Locarno-Verträge/Locarno-Pakt)，其主要內容是：

①德國承認德、法、比三國的現有邊界以及接受萊茵邊界的軍事中立化。法、比撤出萊茵地區，英、義兩國予以保證。

②爭議問題由仲裁法庭解決，德、波以及德、捷問題亦然。

③德國加入國際聯盟。

〈羅加諾條約〉的歷史意義是，它建立了新的歐洲集體安全體系。

〈羅加諾條約〉的簽署以及德國加入國際聯盟（蘇俄不是國際聯盟的成員），使蘇俄深深感到已被包圍的威脅，也加深對德國的懷疑與恐懼。蘇俄全力阻止德國一面倒向西方，未見成效。

　　在〈羅加諾條約〉簽字之後，史特雷斯曼才與蘇俄進行交涉，努力說明德國簽署〈羅加諾條約〉以及加入國際聯盟不是針對蘇俄的敵意行動；為了證實德國的誠意，願意給予文字上的保證。一九二六年四月二十四日，德、俄兩國簽署了〈柏林條約〉，為期五年：德國與蘇俄在捲入第三國糾紛的情況下，有義務嚴守中立，並不參加制裁。一九三一年，德俄兩國延長〈柏林條約〉。那時候是威瑪共和，對希特勒來說，威瑪共和政府喪權辱國，不能代表德國。為了強調〈柏林條約〉在當時的重要性，希特勒於一九三三年六月二十四日下令延長五年。

　　德國與波蘭兩國是世仇。第一次世界大戰後，波蘭根據〈凡爾賽和約〉獲得了不少德國領土。在二十年代及三十年代初期，波蘭也有進攻德國的念頭，只是英、法未予支持而已。威瑪共和時期，德國人是打落牙齒和血吞，不敢吭聲。德國退出國際聯盟以後，波蘭擔心納粹德國要求修正〈凡爾賽和約〉對波蘭會有不利後果。另外德國延長〈柏林條約〉，德、蘇兩國關係改善，波蘭也存有戒心。因此波蘭採取主動，接近德國；暫時不談疆界懸案，要求結束兩國之間的貿易戰爭。德方企業人士全力贊同。希特勒的主要考慮是，防止法國聯合波蘭，威脅德國；求同存異，穩住波蘭。根據希特勒的建議，德、波兩國於一九三四年一月二十六日簽訂了〈互不侵犯條約〉，為期十年。

　　德波條約引起保守分子的批評。當時，外交部長牛賴特（Konstantin Freiherr von Neurath, 1873–1956；外長：1932–1938）在一次內閣會議上說：「與波蘭取得諒解是不可能的，也是不必追求的。」有人甚至指責希特勒出賣領土。暫時承認〈凡爾賽和約〉規定的德波邊界，這是戰略性的退卻，日後解決。對希特勒來說，這個德波條約是一大外交勝利，因為它在法國與波蘭的結盟關係方面打開了一個缺口。另外，這個德波〈互不侵犯條約〉

也向國際社會表示了希特勒在外交上的和平意願。在波蘭問題上，希特勒從開始就扮演了一個重要角色。

在德、俄〈柏林條約〉延長後不久，一九三三年七月二十日，羅馬教廷與納粹德國簽署了〈政教協定〉(Reichskonkordat)。根據這個協定，天主教會在信仰、傳教、教會財產、教會組織、神學教育等方面享有「宗教自由」；教廷對納粹政權保證：神職人員不得從事任何政治活動。教廷的考慮是，防止納粹政權進行「教會鬥爭」推動一體化措施，設法保持天主教會這片宗教淨土。〈政教協定〉使納粹德國獲得羅馬教廷的外交承認，突破了自威瑪共和以來的外交孤立，也間接地肯定了納粹政權尊重宗教自由的誠意。對內對外不無正面的宣傳效果。

〈凡爾賽和約〉規定在德國西部、德法邊界的薩爾地區 (Saargebiet) 由國際聯盟託管十五年 (1920–1935)。一九三五年舉行公民投票，決定歸屬問題。一月十三日公民投票的結果是：投票總數是五十二萬八千票。其中無效：二千二百票；歸屬法國：二千一百票；維持現狀：四萬六千票；回歸德國：四十七萬七千票，即 90.8% 有權投票的公民贊成歸屬德國。

有人說，這是送上來的外交成果。希特勒則強調這是在廢除〈凡爾賽和約〉方面他個人的最大成果。事實上，納粹黨的宣傳機構功勞不小。投票前夕，納粹黨人在住宅圍牆、集會場所以及街頭的廣告柱上張貼一張海報：一位母親手牽著一個小孩，小孩幸福的偎倚在母親的懷裡。海報上只有三個字："Nix wie hemm!" 用中國話說，就是「回歸祖國」。據說這是宣傳部長戈貝爾的主意。反對歸屬德國的海報口號是："Status quo"（維持現狀），一句外來語，文縐縐的，小市民、農工大眾不懂，不如 "Nix wie hemm!" 簡潔、親切。

法國政府接受薩爾投票結果，但在三月六日宣佈降低服役年齡以及服

圖 28　一九三五年一月，「德意志學生聯盟全國領袖」費克特 (Andreas Feickert) 在柏林大學主樓的陽臺上發表演說，呼籲捐款支助「薩爾地區的兄弟們」。

役期限由一年提高為兩年。法國的常備兵力增加一倍。對希特勒來說，這又是有利、有理的藉口。十天後，三月十六日星期六（週末，各國政府不會馬上有所反應），德國政府宣佈恢復普遍義務兵役制度。這是德國片面宣佈〈凡爾賽和約〉第五部分的有關條款作廢，重建國防軍。

　　〈凡爾賽和約〉規定，戰後德國的常備兵力不得超過十萬人，不得擁有現代化武器，如戰鬥機、裝甲車、潛水艇等。軍方將領企圖擴軍的最高目標是二十一個師。希特勒重建國防軍的目標則是三十六個師（十二個軍團），常備兵力五十五萬人。

　　恢復普遍義務兵役制度，重整武裝，在當時引起全國上下的共鳴與支持。加內蒂（Elias Canetti, 1905–1994，1981 年諾貝爾文學獎得主）當時指出：對德國人來說，「凡爾賽並不表示德國的失敗，而是軍事上的限制；〈凡

圖 29　薩爾地區「回歸祖國」後，希特勒於一九三
三年三月一日訪問薩爾布魯克市。希特勒乘敞篷轎車
（第一輛車中站立者），接受群眾歡呼：「希特勒萬歲！」

爾賽和約〉禁止施行普遍義務兵役制度，這是對德意志民族最神聖財物的
侵犯，不能接受」。威瑪共和時期的歷屆政府要求「以平等待我之民族」，
聲嘶力竭，未見實現。希特勒輕而易舉的恢復了德國的普遍義務兵役制度，
重整武裝。這一次，希特勒又是獨斷獨行。只有參謀總部事前獲得有關訊
息，軍事將領是從廣播中才知道有這件事。

　　德國公然違反〈凡爾賽和約〉，恢復義務兵役制度，重整武裝，歐洲國
家深感不安，思謀對策。在此一背景之下，法、英、義三國於一九三五年
四月十一日至十四日，在義大利的小城史特雷沙召開會議，決意在未來全
力防止德國片面毀約的行為，同時三國保證奧國的獨立。由於利害不同，
這次會議並未能形成法、英、義三國對付德國的史特雷沙聯合陣線
(Stresafront)。此時的大會主席墨索里尼，是腳踩兩條船，一方面維持與西
方國家的合作關係，另一方面也無意危及與納粹德國的安全距離。

　　法國心有不甘，決意單幹。一九三五年五月二日，法國與蘇俄簽署了
以德國為假想敵的〈互助協定〉。兩星期後，十六日，又與捷克政府簽訂了
〈互助協定〉。國防軍與外交部的領導人認為這是對德國的軍事威脅，不可
忽視。希特勒不以為然；這兩個協定沒有實質的軍事意義，不必大驚小怪。
但是希特勒善於利用時勢，對外堅稱這兩個互助協定破壞了〈羅加諾條約〉。
對於希特勒來說，這又是一個有利、有理的藉口。一九三五年六月十八日，
〈德英海軍協定〉簽字，這是一個違反〈凡爾賽和約〉的雙邊協定。

　　在對外關係上，德國與英國結為盟友，是希特勒外交政策的重點。這
一點，在《我的鬥爭》書中就已經明白指出。希特勒的想法是，採取強盜
分贓的辦法，德英兩國劃分勢力範圍。英國保持其海外權益，德國決不侵
犯。英國則默認德國在歐洲東部放手進行戰爭，取得霸權。

　　在對英國的關係方面，希特勒不信任外交部保守的職業外交官，特別
是外長牛賴特。因此他任命酒商出身的李本特洛甫（Joachim von Ribben-
trop, 1893–1946；駐英大使：1936–1938；外長：1938–1945）為全權特使
前往倫敦，進行洽談德國擴建海軍問題。這是倫敦方面的建議，因為英國
的考慮是，用一個雙邊協定防止德國片面擴建海軍，構成對英國的威脅。

　　根據〈德英海軍協定〉，德國與英國海軍的噸位比例是 35:100，潛水艇
45:100。透過這個協定，德國所要傳達的訊息是：德國無意也無力對英國
的海外權益進行挑戰。這個協定沒有達到德國外交部和海軍部的要求。外
長牛賴特認為接近英國的路線是一種「外行的」想法，不敢苟同。因此，
唱反調的牛賴特未能參加交涉，也未能看到雙方的談判紀錄。換句話說，
這件外交大事是希特勒力排眾議，一人做主。當時，在英、法、義三角關
係方面，這個海軍協定也確實發生了挖牆腳的破壞作用。希特勒認為這是
他的得意傑作。六月十八日簽字的那一天，希特勒說那是他「一生中最幸

福的一天」。

根據〈德英海軍協定〉，德國未來的海軍遠比義國強大。墨索里尼認為，英國簽署這個海軍協定顯然違背史特雷沙聯合陣線的精神，是一種「背信」行為。墨索里尼不甘示弱，思有所動。

一九三五年十月二日，義大利軍隊進佔非洲東部的阿比西尼亞(Abessinien/Äthiopien)。根據英國的提議，國際聯盟對義大利施行經濟制裁。義大利四面楚歌，急需外援。

德國慷慨解囊，拔刀相助。希特勒的意思是，用阿比西尼亞來拖住義大利。換句話說，德國的援助是防止墨索里尼垮臺，不是幫助義大利取得閃電勝利；是用援助來加強法西斯義大利對德國的依賴關係，間接地打垮史特雷沙聯合陣線。基於此一考慮，德國又同時對阿比西尼亞方面祕密供應武器。

一九三六年三月，德軍順利地進入萊茵軍事中立化地區，沒有引起軍事衝突，墨索里尼勇氣倍增，於同年五月五日宣佈合併阿比西尼亞。為了感謝德國對義大利的支援，墨索里尼在奧國問題上表示了善意的回應，就是義大利不反對奧國接近德國的路線。

一九三六年七月十一日，〈德奧協定〉簽字。根據這個友好協定，德方尊重奧國的「獨立自由」，奧國自認奧地利是一個同文同種的「德意志國家」；在未來的外交方面優先考慮「德意志的利益」。根據七月十六日達成的祕密協議，奧方承諾停止迫害納粹分子的措施，釋放在監獄中收押的納粹黨人，並且允許奧國境內反對政黨參與政治。這是希特勒為奧國納粹黨人從內部奪權留下的伏筆。

二、進軍萊茵・四年計畫

　　一九三三年召開裁軍會議的時候，希特勒就有意解除萊茵地區的軍事中立化。一九三四年底，國防軍及外交部領導人也曾有過類似的想法，可惜時機未到。一九三五年五月二日，法、俄簽署〈互助協定〉，萊茵問題又舊話重提。當法國國會於同年六月二十七日以三百五十三票對一百六十三票的多數批准法、俄〈互助協定〉之後，希特勒認為法、俄互助協定是對〈羅加諾條約〉的破壞行為，有了藉口，於是宣佈〈羅加諾條約〉失效，決心利用時機，採取行動。

　　萊茵地區 (Rheinland) 在歷史上沒有明確的定義，概指萊茵河中游及下游的兩岸地區，是德國與法國、比利時接壤的邊界。基於法國的安全考慮和要求，〈凡爾賽和約〉規定萊茵地區為「非武裝地區」：由德國北部到南部瑞士邊境，包括艾森、杜塞道夫、科隆、波昂、法蘭克福、海德堡、弗萊堡等城市，整個萊茵河左右兩岸寬達五十公里的一條長線。萊茵地區是法國防止德軍襲擊的安全屏障。對希特勒來說，也是在東西作戰時避免腹背受敵的兵家必爭之地。

　　外交部認為宣佈〈羅加諾條約〉失效的藉口，難以服人。軍方領導也不贊成，因為納粹黨人接掌政權才三年多，德軍還不具有進行武裝衝突的實力。當時法國有七十萬大軍，德國不過十萬人左右，不堪一擊。由於引起戰爭的危險太大，外交部與國防軍力主萊茵問題要用外交手段解決。希特勒獨斷獨行，孤注一擲。

　　一九三六年三月七日星期六，又是利用週末，三萬德軍從不同方向開

入非武裝的萊茵地區，「恢復主權」。軍方接獲的命令是：遭遇抵抗時，馬上撤退。但是德軍所受到的，不是任何抵抗，而是夾道歡呼。

日後，希特勒對他的法律顧問傅蘭克（Hans Frank, 1900–1942；1939 年以後出任波蘭總督）說：在德軍開入萊茵地區的那一天，他是坐臥不安。「如果法國人真的採取行動，那將是我在政治上的最大失敗。」

對於德國這種公然破壞條約的違法行為，國際聯盟除了一紙抗議之外，西方國家沒有表態。

三月七日，德軍開入萊茵地區的當天下午，法國內閣召開緊急會議，不了了之。因為這是一個過渡內閣，再過兩個月，五月就要改選。德軍開入非武裝的萊茵地區，並不表示法國的安全受到直接威脅。如果法國進行反擊，引起戰爭，如何向普遍厭戰的選民交代?! 法國政府中的右派更不願意希特勒垮臺。他們相信在希特勒之後，將是布爾什維克主義的洪水泛濫，比現在還要可怕，一動不如一靜。軍方領導從軍事觀點分析，並且以一九二〇年法軍佔領魯爾工業區的經驗也提出異議，認為法國可以出兵，但是對德國人來說，那是外國軍隊侵犯他們的神聖領土；從上到下，勢將奮戰，法國如何收拾殘局?! 另外，〈羅加諾條約〉規定，法國在受到公然侵犯的情況下，才可以單獨採取行動。如果法國要有所表示，一定要與英國聯合行動。但是英國也無意干涉，英國人認為，德軍開入非武裝的萊茵地區，那是「德國人進入自己的前門花園，有何不可?! 」墨索里尼還在阿比西尼亞進行戰爭，需要德國的大力支援，也就不便有所表示了。

一九三六年德軍開入非武裝的萊茵地區，「恢復主權」，是希特勒在政治上及外交上的空前成就。趁熱打鐵，在進佔萊茵之後，希特勒馬上宣佈解散國會，定於月底，一九三六年三月二十九日，重新改選，選民同時投票表示：對於政府「恢復民族榮譽及國家主權」的措施是否贊同。這次國

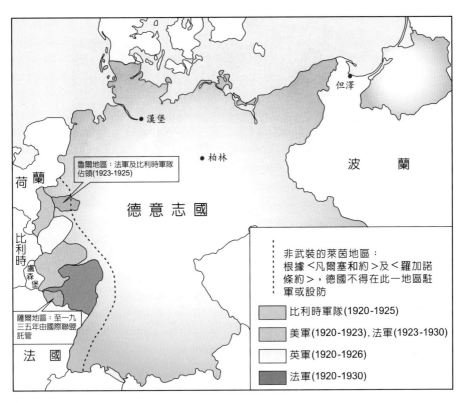

圖 30　一九三六／三七年的德意志國

會選舉的投票率高達 99%，投票總數是四千五百多萬人 (45,001,489)，其中有四千四百四十多萬 (44,461,278) 選民投票給希特勒的選舉名單，那是98.8%！在各種選舉活動中，納粹黨人總是全力動員宣傳機器，使用威嚇手段，影響選情，這次也不例外。但是就算打個折扣，從這次選舉所反映出來的民意，也是值得重視的。一九三六年初，希特勒在德國的聲望是如日中天。

　　從進佔萊茵地區的經驗中，希特勒深信：由於西方國家鬆懈無力，對

圖31　一九三六年三月七日，德軍開進非武裝的萊茵地
區，老百姓夾道歡呼。

於德國此後用武力進行擴張，也不會有任何具體行動。希特勒說：「這個世
界是屬於有膽量的人的。上帝會助他一臂之力。」

　　一九三六年發生的西班牙內戰跟阿比西尼亞戰爭一樣，給希特勒帶來
一個機會，加深西方聯合陣線的分裂與矛盾。但對希特勒來說，意識形態
也是一個重要因素。

　　西班牙的人民陣線政府由共產黨人及社會黨人組成，獲得蘇俄盧布與
武器的支援，又有法國在背後撐腰。這是在歐洲西部形成的一個新的聯合
陣線；蘇俄插足西歐，更加深了布爾什維克主義的赤化危險。一九三六年
七月，基於佛朗哥 (Francisco Franco, 1892–1975) 方面的請求，希特勒於同
年七月二十五日決定加入西班牙內戰，支持佛朗哥。法西斯的義大利也是
基於意識形態和政治野心，加入佛朗哥陣營。西班牙內戰變成了兩個不同
意識形態的鬥爭戰場，對德國的重整武裝也具有戰略意義：試驗新式武器

（戰斗機、裝甲車），蒐集實戰經驗（國防軍有五千五百人參戰）。

西班牙內戰使德義兩國關係更加密切。一九三六年十一月一日，墨索里尼在米蘭聲明德義關係是「柏林‧羅馬軸心」陣線。月底，十一月二十五日，李本特洛甫在沒有外交部知情和參與的情況下，與日本政府簽署了一項協定，對抗共產國際，即消滅由莫斯科共產國際推動的共產運動：〈反共產國際協定〉。一年後，一九三七年十一月六日，義大利加入此一協定，德、意、日反共軸心於焉建立。

這個以蘇俄為假想敵的反共協定，宣傳意義重於同盟作用，在歐洲大陸（德國）、地中海域（義大利）及遠東地區（日本）都觸及了英國權益。在某種意義上，它也是一個對抗英國的「反共協定」。

〈反共產國際協定〉禁止簽字國與蘇俄締結條約。在〈祕密附加議定書〉中更禁止簽署任何軍事協議。一九三九年的〈希特勒‧史達林協定〉，日本政府認為這是納粹德國的背信行為。

自希特勒接掌政權之後，納粹政權的經濟政策是全力發展國防工業。但是當時的德國是「一窮二白」，缺少生產原料，沒有充分的外匯存底。軍備支出，一九三四年是三十三億馬克，到了一九三六年增加三倍，高達九十億馬克。自一九三六年起，生產原料如銅、鉛、鋅、生膠等，日漸短缺。自一九三三年至一九三六年進口貨物價格上漲百分之九，入超現象嚴重。

軍火原料的輸入與日用糧食的進口，由於外匯不足，也失去平衡。經濟危機是一個急待解決的問題。有人建議：恢復自由貿易，縮小軍火生產，以期改變總的經濟發展趨勢。希特勒反對，堅持擴軍和發展國防工業的路線。他認為，政治上的擴張政策和軍事上的征服領土，其結果勢將克服經濟上的困局。

一九三六年八月，希特勒提出一份有關「四年計畫」的祕密備忘錄：

「我認為，現在用堅定不移的信心在可能的領域方面達成百分之百的自給自足是必要的。」自給自足旨在解決過渡的經濟困局。經濟問題的最後解決，胥視德意志民族能否獲得相應的土地。

一九三六年九月九日，希特勒在紐倫堡全國黨大會上宣佈實行「四年計畫」，接著於十月十八日發出制定「四年計畫」的命令：德軍要在四年之內完成備戰。戈林是計畫執行人。

「四年計畫」是在經濟政策方面的一個重要指示，同時也說明「第三帝國」的外交路線，從「修正」〈凡爾賽和約〉進入武力擴張政策、進行征服戰爭的準備階段。

「四年計畫」實行後一年多，一九三七年十一月五日，希特勒在柏林首相府發表重要談話；連續不斷四小時的獨白，提出他對武力擴張的具體構想。參加談話的人員是：國防部長兼國防軍總司令部司令（自一九三五年）布倫柏，陸軍總司令傅立慈 (Werner Freiherr von Fritsch, 1880–1939)，海軍總司令雷德 (Erich Raeder, 1876–1960)，空軍總司令戈林，外交部長牛賴特。紀錄是希特勒的國防軍副官何思巴哈上校 (Friedrich Hossbach, 1894–1980)。

希特勒說，根據他四年半來領導政府的經驗與熟思，他認為德國的政治目的是，保障民族生存的安全與繁殖。這是一個生存空間問題。德國需要生存空間，但不是在海外尋求殖民地，而是在歐洲取得利於農耕、資源豐富的廣闊土地。但是在歐洲已經沒有無主土地，進行擴張，必然遭到抵抗；興兵動武，在所難免。因此，德國必須擁有強大的武裝力量，以及支持這個武裝力量的經濟能力。

用武力征服生存空間，不是一個要不要的問題，而是何時、如何實現的問題。希特勒指出下列三種情況：

①最遲要在一九四三～四五年進行解決生存空間問題，而且是在德國
　失去軍備優勢之前，此後時機對德國不利。

　在下面的兩種情況下，德國可以在一九四三～四五年之前動武：

②如果法國由於內政困局而癱瘓無力，軍隊也不能對德應戰時，可以
　隨時提前動武，先解決捷克。

③在義大利與英、法之間因地中海域的緊張情勢而發生軍事糾紛時，
　德國在一九三八年就可以用閃電攻勢打垮奧國與捷克，以期解決「側
　翼威脅」。

　　希特勒指出，以上所說的，是他「不可改變的決定」，「最遲」要在一
九四三～四五年解決德國的生存空間問題。希特勒自己承認，他不會活得
太久，所以生存空間問題必須在他有生之年盡快解決。後代人做不到這一
點，只有他，希特勒，可以完成這個歷史任務。這次談話可以視為他的「遺
言」。

　　征服生存空間是舊話重提。希特勒在《我的鬥爭》書中，早已昭示於
世。但是在十一月五日的這次談話中，希特勒定下了時間表：最遲要在一
九四三～四五年解決生存空間問題，其先決條件是，最好在一九三八年用
閃電攻勢打垮奧國與捷克。

　　國防部長、陸軍總司令，還有外交部長，對於希特勒的上述談話持有
存疑態度。他們認為希特勒操之過急，可能引起英、法武力干涉，主張「戒
急用忍」。這些軍人與政客沒搞清楚，這是領袖希特勒「不可改變的決定」，
「不可動搖的意志」，是他還活著的時候的「遺言」。希特勒沒有辯解，無
此必要。走馬換將，勢在必行。

　　一九三八年一月～二月，發生了所謂「布倫柏‧傅立慈事件」
(Blomberg-Fritsch-Krise)。

　　年初，國防部長布倫柏元帥晉見希特勒，報告他要再婚。問題是，女方出身「低微」；軍官，特別是貴族高級軍官，全面反對，請領袖裁決。希特勒自己也是出身低微的二等兵，有意打破軍中傳統，對布倫柏說：「你結婚，我來主持婚禮！」戈林擔任證婚人。婚後不久，祕密警察「發現」這位元帥夫人曾是春宮照片的模特兒，兼操副業，有案可查，乃向上級揭發。

　　在布倫柏事件之前，一九三六年，黨衛隊領導希姆勒曾向希特勒提出傅立慈搞同性戀的文件。希特勒未予處理。布倫柏事件發生後，一九三八年一月，希特勒下令舊案重查。二月四日，傅立茲與布倫柏被免除本兼各職。同時又有十二名高級將領提前退休。外交部長牛賴特有自知之明，自請辭職，由李本特洛甫接任。「布倫柏‧傅立慈事件」使國防軍的聲望受到重大傷害，也加強了希特勒對國防軍的控制。這是繼國會縱火案和勒姆事件之後，使希特勒獲得絕對權力的第三個重大事件。

三、合併奧國‧摧毀捷克

　　奧地利問題已經排上日程表，希特勒在等待一個有利時機。

　　一九三四年七月二十五日，奧國的納粹黨人自做主張，發動政變，佔領總理府，槍殺總理杜福斯 (Engelbert Dollfuss, 1892–1934)。墨索里尼根據於一九三四年三月與奧、匈兩國簽訂的〈羅馬協定〉(Römische Protokolle：義與奧、匈經濟合作，對付法國的多瑙計畫，防止德國的對外擴張)，派出五個師，進駐邊境，以防德國出兵干涉。墨索里尼的強硬態度，使希特勒不得不改變支持奧國納粹黨人的計畫，下令停止活動。政變短命失敗。杜福斯的接班人舒石尼 (Kurt von Schuschnigg, 1897–1977；總理：1934–1938)

下令處死兇手，同時抓了一千多名納粹黨人入獄。

　　根據上面提到一九三六年簽署的〈德奧協定〉，奧國允許境內的反對政黨參與政治。此後納粹黨人氣焰囂張，製造問題。一九三八年一月，奧國當局搜獲有力證據，納粹黨人有計畫發動政變。奧國內部危機升高。自從阿比西尼亞戰爭發生墨索里尼一面倒向德國之後，奧國孤立，外無奧援。解鈴還須繫鈴人，為了挽救奧國的獨立自主，總理舒石尼決定走訪希特勒。

　　一九三八年二月十二日上午，希特勒在首相府接見舒石尼。會晤前，希特勒下令三名高級將領（國防軍總司令部司令凱特，Wilhelm Keitel, 1882–1946；賴賀瑙，砲兵將領，Walter von Reichenau, 1884–1942；史培利，空軍將領，Hugo Sperrle, 1885–1953）參加；只是亮相，不准發言。希特勒對他的戰友戈林說：「我找來三個外貌最為兇悍的人，是為了讓奧國訪客不必用語言表達就可以了解，必要時是要動武的。」

　　這次晤面，不是兩國首長的會談，而是希特勒一個人的獨白，是長官對部下的教訓。舒石尼抽煙，而且是一根接一根的煙槍。希特勒首先下令禁煙，接著開訓：「我告訴你，我是要解決奧地利問題的，不管用甚麼方式。」最後希特勒提出具體要求：保證奧國納粹黨人不受限制的活動、大赦所有被收押的納粹黨人、任命一位納粹領導人（賽思・尹卦德，Arthur Seyß-In-quart, 1892–1946）出任公安部長等等。

　　人在屋簷下，舒石尼忍氣吞聲。他對陪他前來的外交次長史密特 (Gui-do Schmidt, 1901–1957) 說：「如果我在希特勒與史達林 (Josef Stalin, 1879–1953) 之間有所選擇的話，則捨希特勒而取史達林。」舒石尼鎩羽而歸，但是沒有放棄維持國家獨立、自由的念頭。返回維也納後不到一個月，三月九日，舒石尼沒有通知閣僚突然宣佈：定於三月十三日舉行「公民投票」，決定奧國前途。

舒石尼出其不意的措施，攪亂了希特勒的原有計畫。希特勒要興兵動武，此時還是虛張聲勢，目的是不戰而勝。現在弄假成真，不得不於三月十日下令：足夠的武裝部隊要在三月十二日（星期六）以前完成進軍奧國的準備——只有兩天的時間！

在奧國危機時期，戈林是主角。三月十一日，戈林向維也納發出最後通牒，要求馬上取消公民投票、舒石尼下臺，同時任命納粹黨人賽思・尹卦德為接班人。形勢比人強，舒石尼宣佈辭職，但是總統米克拉斯（Wilhelm Miklas, 1872–1956；總統：1928–1938）拒絕。賽思・尹卦德相應不理，自己進入總理府接掌政權。戈林拍電給新任「總理」叫他馬上發電求救，以便德國進軍奧國師出有名。三月十一日晚上十點多，總統米克拉斯屈服，任命賽思・尹卦德為奧國總理。新總理電告柏林不必出兵。半夜兩點，希特勒被人叫醒，請示如何應付新局面。希特勒說：「進軍奧國！」

對於是否出兵奧國，希特勒始終猶豫不定，他也擔心發生意外。一直到希特勒在緊要關頭時接獲消息說：墨索里尼表示無意履行保障奧國的條約義務、不干涉德、奧糾紛時，才決定進軍。希特勒對傳達消息的特使說：「請你轉告墨索里尼，對於他的此一決定，我將永遠、永遠不會忘記！」

一九三八年三月十二日凌晨五點三十分，十萬德軍開入奧國。共有六萬多人的奧國軍隊沒有進行抵抗。當天下午，希特勒衣錦還鄉，自布勞瑙希特勒出生的地方到他的家鄉林茲不過一百二十公里，但是由於奧國人民夾道歡呼，熱烈歡迎，到達林茲時，車隊比預定的時間遲到了四小時。進軍之前，希特勒只想建立德、奧的從屬關係，建立一個「自治政府」。合併的決定是因為德軍開入奧國沒有引起任何危機。更重要的是，希特勒在他的家鄉受到英雄式的歡迎。三月十三日，希特勒在林茲簽署了〈奧地利與德意志國統一法令〉，從此德國對外的正式名稱是："Grossdeutsches Reich"

（大德意志國）。這個「大」字有對外擴張及文化優越感的意識。

三月十三日這一天，法國正好更換內閣，等於沒有政府。前一天，英國提出一紙抗議，敷衍了事。

合併奧地利，使納粹德國獲得了八萬四千平方公里的土地，六百七十萬人口（1930 年），十四億馬克的外匯存底。至於沒收猶太人的財產（Arisierung），高達數十億馬克，更是重要的資金來源。所有這些，再加上礦砂、能源、糧食以及訓練有素的工人，對於德國的國防工業也具有戰略的經濟意義。

希特勒進軍奧國，是對一個主權國家的侵略行為。為什麼奧國軍隊沒有進行抵抗，老百姓夾道歡呼，社會菁英為文歌頌呢？

自從一八四八年德意志革命失敗以來，德、奧的菁英分子念念不忘實現「大德意志帝國」的想法。奧地利獨立建國時，在一九一八年十一月十二日制定的憲法中明文規定：「德意志奧地利是德意志國的一部分。」一九二九年二月六日，德國的國民議會在威瑪開幕時，社會民主黨人艾伯特（Friedrich Ebert, 1871–1925；威瑪時期總統：1919–1925）在致詞中針對奧國說：「我們屬於同一種族和具有同一命運的同志們可以相信，我們在這個德意志的新國家中，高舉雙手而且是衷心地歡迎你們。你們是屬於我們的，我們也是屬於你們的；在我們之間不容再有邊界的欄杆。我們是不可分割的兄弟。」希特勒在《我的鬥爭》書中也強調：德意志奧地利必須回歸偉大的德意志祖國，因為「相同的血緣是屬於共同的祖國的」。但是根據〈凡爾賽和約〉第八十條，德國被迫承認奧國的獨立，不得侵犯疆界。根據一九一九年同時簽訂的〈聖日耳曼條約〉，德奧兩國不得合併。奧國人認為這是違反巴黎和會宣揚的民族自決原則；差別待遇，難以接受。希特勒合併奧國，使德意志人揚眉吐氣，也是百餘年來統一美夢的實現。希特勒又一次

圖 32　一九三八年三月十四日，希特勒乘敞篷轎車（第一輛車中站立者）駛入維也納市中心，同鄉奧地利人夾道歡呼：「希特勒萬歲！」

圖 33　納粹政府的宣傳海報：「一九三八年三月十三日——一個民族、一個國家、一個領袖」。從這一天起，德國對外的正式名稱是：「大德意志國」。

成功地「撕毀」了〈凡爾賽和約〉。希特勒要他的家鄉「回歸祖國」(Heim ins Reich)，這是他個人的心願，但是德、奧統一，也有其「歷史根源」。

　　德、奧統一後不到一個月，一九三八年四月十日，在德國本土及奧國同時舉行公民投票。選票上印的題目是：「你是否贊成三月十三日完成的奧國與德意志國的統一？你是否贊成我們領袖（希特勒）的選舉名單？」99.7%的奧國選民圈「是」。

　　第二次世界大戰結束後，奧國人說：一九三八年希特勒合併奧國，奧地利是納粹暴政下的第一個犧牲者！

　　一九三七年五月二十八日，張伯倫（Arthur Neville Chamberlain, 1869–1940；首相：1937–1940）出任英國首相，主張維持歐洲和平。從此開始到一九三九年九月德軍進攻波蘭，英國在歐洲外交方面扮演了一個重要角色。希特勒用武力合併奧國，違反〈凡爾賽和約〉和〈羅加諾條約〉，西方國家，

圖34　一九三八年德國合併奧地利後，維也納的猶太人被迫清洗馬路。

特別是英國沒有動作，這也與英國的綏靖政策有關。

一九三七年底，張伯倫派特使哈里費克斯(Edward Halifax, 1881–1959；外長: 1938–1940)訪問希特勒。這位特使首先恭維「第三帝國」是在歐洲對抗布爾什維克主義的堡壘，同情德國人對〈凡爾賽和約〉的不滿情緒。哈里費克斯接著提出三個問題: 奧地利、蘇臺區和但澤問題 (Danzigfrage)❶。

根據會談紀錄，哈里費克斯說: 英國希望「在和平發展的情況下，促成在這些方面的改變，藉以避免引起具有深遠影響的動亂」。奧地利、蘇臺區和但澤問題是〈凡爾賽和約〉的後遺症。英國特使說在這三個問題方面的「改變」，可以解讀是「回歸祖國」。至於不能「引起具有深遠影響的動亂」，意思是說，和為貴，德國不能興兵動武，而且是到此為止。英國不會漠視歐洲事務，中歐問題必須和平解決。就納粹德國而言，這是英國政府「綏靖政策」的內容。對希特勒來說，合併奧國之後，下一步是「摧毀捷克」。

捷克斯洛伐克共和國是一九一八年哈布斯堡王室垮臺，在第一次世界大戰結束之後，於十月二十八日在布拉格建立的一個新興國家。一九一九年九月十日，巴黎和會在〈聖日耳曼條約〉予以確認，國土主要包括了波希米亞 (Böhmen)、莫拉瓦 (Mähren/Morava) 中部以及史雷吉恩 (Schlesien) 東部。這三塊土地原是奧匈帝國的領土。

捷克是由一個諸多不同及少數民族構成的國家，其中捷克人最多，有七百五十萬人，德國人有三百三十萬人，斯洛伐克人三百多萬人。捷克人

---

❶ 但澤是自一八七八年至一九一九年西普魯士的首府，有三十八萬人口，其中波蘭人只有一萬二千人。一九二〇年，〈凡爾賽和約〉未經居民表決，規定但澤為自由市，由國際聯盟託管，海關、外交事務則由波蘭負責。

口只佔全國人口的半數，但是當家做主，德國人沒有參政的機會，是二等公民。「蘇臺區」(Sudetenland) 是一個不太明確的地理名詞，主要是指捷克西北部接近德國和南部接近奧國的邊境地區，德裔居民集中在這個弧形地帶，佔捷克總面積的百分之二十。

捷克政府一再保證，德裔居民享有自治權，但是從未兌現諾言。希特勒的原意是，首先解決捷克問題，然後再進行統一奧地利。舒石尼決定「公民投票」（參見頁 105），使希特勒不得不提前動手。一九三八年五月二十八日，希特勒在合併奧國之後，對國防軍高級將領說：「從地圖上抹去捷克，是我不可動搖的意志。」進佔捷克的日期是一九三八年十月一日。

捷克與奧國大不相同，前者與德國不是「同文同種」，國土受到國際條約的確認，且有八十萬精銳大軍。自一九二四年又與法國簽有友好同盟條約，希特勒不能輕舉妄動。此外，英國不願坐視捷克危機升高，擔心德國會繼奧國之後吞併捷克，破壞歐洲均勢。因此，九月十三日，英國首相張伯倫傳達給希特勒一個緊急消息說，由於捷克的情況日漸惡化，張伯倫建議，由他自己前往德國，期能解決危機。

兩天後，九月十五日，一個多雨的下午，六十九歲的張伯倫第一次乘飛機前往德國會晤希特勒。根據紀錄，希特勒首先強調：「如果因為這件事而演變成為世界大戰的話，我會感到非常遺憾。但是此一戰爭危險並不能動搖我的意志。……任何戰事，甚至世界大戰的危機，我都承受。」張伯倫反駁說：「如果你已經決定用武力解決，那又何必邀我來訪?!」

希特勒不怕惹起世界大戰，這並不表示現在就要進行戰爭，這是給英國首相一個下馬威，見好就收。希特勒提出要求：根據民族自決原則，割讓蘇臺區。希特勒保證：蘇臺區是他在歐洲最後一次的領土要求。張伯倫表示「原則上同意」。這是說，英國不反對，但是還要徵詢當事人捷克政府

的同意，不能越俎代庖。

　　三天後，英國首相張伯倫、外長哈里費克斯以及法國總理達拉第 (Edouard Daladier, 1884–1970) 與外長鮑奈 (Georges Bonnet, 1889–1973) 在倫敦會晤，商討解決蘇臺區危機的方案。

　　蘇臺區危機升高，法國處境尷尬。因為一九二四年法、捷兩國簽有友好同盟協定；如果德、捷兩國發生戰事，法國有義務支援捷克。這是一九二四的事情。那時候，法國在歐洲呼風喚雨，德國是一個只有十萬軍隊的戰敗國家。現在情況不同了。法國外長認為，如果希特勒能以割讓蘇臺區為滿足的話，法國可以不必為捷克而流血，求之不得。法國總理是參加第一次世界大戰凡爾登戰役的過來人，擔心希特勒的真正目的是摧毀捷克，進佔歐洲東部。張伯倫不否認有這種可能，正因為如此，他主張抓住小辮不放鬆，看看割讓蘇臺區是否是希特勒在歐洲最後一次的領土要求。如果希特勒撕毀協議，在全世界面前，希特勒就是侵略者，西方國家可以群起而攻之。此外，希特勒根據民族自決原則，要求蘇臺區「回歸祖國」也不無道理。法國總理及外長也是「原則上同意」，只是身為「盟友」，要求捷克割讓領土，難以啟齒。因此提出補償辦法，即英、法兩國共同保證割讓蘇臺區以後捷克的獨立自由。張伯倫要維持和平，只有接納法方建議。

　　捷克總統貝尼思（Eduard Benesch, 1884–1948；總統：1935–1938）拒絕割讓蘇臺區，並於九月二十日通知法國。當天半夜兩點鐘，英、法兩國大使走訪捷克總統，面交最後通牒：如果捷克拒絕割讓蘇臺區，並因而引起戰爭時，捷克要自己負責。在這種情況下，無論法國還是英國都不能支援捷克。客人走後，總統貝尼思說：「我們是被卑鄙地出賣了！」九月二十一日，捷克政府接受英、法「建議」。

　　九月二十二日至二十四日，張伯倫與希特勒在萊茵河畔的戈德堡二次

會晤。張伯倫得意地告訴希特勒：英、法兩國及捷克都同意逐步交出蘇臺區，由德國接收。希特勒拉下臉來說：「非常抱歉，現在情況不同了。目前在捷克的德國同胞所遭受的痛苦已經到了馬上發兵進佔蘇臺區的地步了。在十月一日以前，這個問題必須解決。」在結束談話時，希特勒提出最後通牒：捷克要在九月二十八日下午兩點以前接納德國於十月一日進佔蘇臺區的要求，否則動員，進攻整個捷克。

　　希特勒殺氣騰騰，這又是虛張聲勢，因為此時德方還沒有任何作戰準備。老戰友戈林不主張此時冒險行動，與西方國家進行戰爭。陸軍參謀總長貝克 (Ludwig Beck, 1880–1944) 及其周圍的將領更是反對；如果希特勒一意孤行決心動武，這些將領要推翻希特勒的統治。九月二十七日晚上十點，海軍總司令雷德向希特勒報告：德國艦隊還不能與英國海軍進行海戰。此外，法國與捷克都已下達動員命令，戰事一觸即發。形勢比人強，希特

圖 35　一九三八年九月二十二日，希特勒與張伯倫在萊茵河畔的戈德堡二次會晤。

勒不得不「戒急用忍」，暫時叫停。

當天晚上十點多，張伯倫在倫敦接獲希特勒的電報。希特勒說他無意威脅捷克的生存。問題是捷克政府反覆無常，說了不算，進而下令動員，造成緊張情勢。希特勒期望張伯倫為了維持和平，繼續斡旋。張伯倫建議召開會議，除了英、法、德三國之外，最好有義大利參加。同時英國政府請求墨索里尼居間調停，後者欣然接受，希特勒也完全同意。

一九三八年九月二十九日，在慕尼黑召開會議。主要與會者是義大利的墨索里尼、英國的張伯倫、法國的達拉第和希特勒，以及各國有關部長及外長。捷克代表在場，但未得列席參加討論。蘇俄未被邀請參加。由於時間過於倉促，事前毫無準備，整個「會議」過程是在沒有主席、沒有議程、沒有紀錄的情形下進行的。

慕尼黑會議的基礎是，捷克政府於九月二十一日接受英、法建議：逐步交出蘇臺區，由德國接收。因此這次會議的主題不是「割讓」問題，而是根據希特勒的要求討論自十月一日至十日捷克軍隊及官方機構如何撤出蘇臺區，由德方接收的細節問題。這是由四巨頭簽署〈慕尼黑協定〉的主要內容。

至於德、波兩國邊界的最後確認，會議決議在有列強及捷克參加的情形下，日後解決。在一個補充說明中議定：關於在捷克境內的波蘭及匈牙利少數民族問題，如果有關國家在三個月內不能達成協議時，再由英、法、義、德、捷五國組成委員會商討解決。在一個附加協定中，英、法、德、義四國保證德、捷兩國新的疆界。會後，即九月三十日，希特勒與張伯倫簽署〈德英互不侵犯條約〉。

〈慕尼黑協定〉於九月三十日凌晨簽訂。中午，捷克政府在抗議下接受。

根據紐倫堡國際法庭審判戰犯的紀錄，頭號戰犯戈林在一九四五年對慕尼黑會議有下面的回憶：「張伯倫和達拉第都沒有為了拯救捷克而表示任何興趣。……捷克的命運，基本上在三個鐘頭之內就已經注定了。此後他們又用了好幾個鐘頭討論『保證』這個字眼；張伯倫支吾其詞，達拉第無精打采，坐在那裡乾瞪眼，他是唯一的一位不時點頭同意。沒有任何異議，希特勒就如此輕易地取得一切，使我啞口無言。」

英、法兩國在慕尼黑會議上的「讓步」政策說明：英、法勢力撤出歐洲的東半部，接受東歐至蘇俄邊境是德國的勢力範圍。英、法兩國對希特勒讓步，和平得救了。但是希特勒對慕尼黑會議的結果並不滿意。他憤憤地指出：「張伯倫這傢伙把我進軍捷克的計畫搞垮了。」

十月二十一日，慕尼黑會議才過了三個星期，希特勒下令：完成解決「殘餘捷克」的軍事準備。十一月二十四日又下達補充命令：進佔梅美爾地區（Memelland，原屬東普魯士，一九二三年立陶宛利用魯爾危機，趕走法軍佔有）和但澤自由市。希特勒下一步的軍事擴張目標是：捷克、波羅的海地區和波蘭。

慕尼黑會議導致捷克斯洛伐克共和國的解體。一九三九年三月十四日，斯洛伐克宣佈脫離捷克獨立。捷克沒有西方國家的支持，無法自衛。為了挽救國家的前途，唯一的一條出路就是向柏林讓步，委曲求全。就在斯洛伐克宣佈獨立的那一天，捷克總統哈查（Emil Hacha, 1872-1945；總統：1938-1945），一位沒有行政經驗的法學專家，攜同外長前來柏林。

當天，三月十四日，而且是在半夜，希特勒在一九三九年一月新建的首相府接見捷克訪客。從大門入口，捷克總統要走過一個長達一百四十公尺的長廊，才能到達會見的大廳。這是根據希特勒的指示，精心安排的節目之一。一年前會晤奧國總理舒石尼的場面又重新上演，諸多軍事將領列

圖 36

席助威，這次多了元帥戈林。

　　開門見山，希特勒說：如果哈查拒絕在桌子上面的文件簽字的話，他就馬上下令他手下的飛機，把捷克的城市夷為平地。總統哈查六十七歲，患有心臟病，當場昏厥。希特勒的「御醫」進行急救。三月十五日凌晨四點,哈查簽字同意在捷克成立「波希米亞‧莫拉瓦保護國」(Reichsprotektorat Böhmen und Mähren)，一個德國的傀儡政權。三月十五日，德軍開入捷克。接著，三月二十三日，斯洛伐克根據雙邊協定得到德國的「保護」。

　　三月二十一日，佔領捷克六天之後，德國向波蘭提出要求：歸還但澤，在波蘭走廊建設高速公路及鐵路，長期保證德、波邊界。在波蘭答覆之前，

　　三月二十三日，德軍開入梅美爾地區。波蘭倍感威脅，於三月二十六日拒絕德方要求。五天後，三月三十一日，張伯倫宣佈：英、法保障波蘭獨立。希特勒一怒之下，於四月二十八日宣佈德、波互不侵犯條約（1934 年）以及〈德英海軍協定〉（1935 年）無效。

　　從一九三九年四月起，進攻波蘭是德國軍事外交的主題。

四、與誰結盟？「魔鬼協定」

　　一九三九年簽訂的〈德蘇互不侵犯條約〉是一個徹底改變了歐洲面貌、國際情勢的「魔鬼協定」，值得申論。但是首先要敘述在簽約之前，英、法、蘇，英、德和德、蘇結盟交涉的經過。自一九三九年三月中旬至八月底，歐洲政治的發展是以倫敦－柏林－莫斯科的三角關係為中心。

　　一九三九年三月十五日，德軍進佔捷克。希特勒對他的兩位女祕書說：「妳們兩人要親親我的面頰，一邊一下。今天是我一生中最美好的一天！」希特勒毀約無信，英國政府震驚憤怒，認為這是「強暴捷克」。月底，英國首相張伯倫向波蘭提出保證：如果波蘭遭受德國攻擊，英、法全力援助。

　　這項保證只能在心理上產生一些嚇阻作用，實際上很難付諸實現。在波蘭遭受攻擊的時候，遠水不解近渴，英國軍隊如何越海支援？法、波之間也沒有共同的邊界。因此，英國前首相喬治（David Lloyd George, 1863–1945；首相：1916–1922）指出：英國對波蘭的諾言只有在「英蘇結盟」的情形下，才有意義。邱吉爾（Winston Churchill, 1874–1965；首相：1940–1945）當時是在野黨議員，在議會發言也持有相同意見，但是主張「英、法、蘇結盟」，「從波羅的海到黑海的所有民族都聯合起來」，阻止納粹德國

的對外擴張。

　　莫斯科的結盟路線，與當時蘇俄的處境有密切關聯。

　　法國與蘇俄在一九三五年五月簽有互助協定。英國口口聲聲要維持歐洲和平。但是在召開討論歐洲未來問題的慕尼黑會議時，蘇俄被排擠出局。會後，莫斯科也獲悉德國與英國有祕密接觸，認為這是慕尼黑會議的陰魂不散。莫斯科從開始就懷疑西方國家與蘇俄結盟對抗納粹德國武力擴張的誠意。但是當時國際形勢的發展，使莫斯科不得不重新全盤考慮蘇俄的外交政策。

　　一九三九年，蘇共召開第十八次黨代表大會。總書記史達林代表黨中央在三月十日的報告有關外交政策部分中指出：從日本侵犯中國、義大利進佔阿比西尼亞、納粹德國合併奧國和進駐蘇臺區，到德、義兩國參加西班牙內戰，這些侵略行為在在說明，一場瓜分世界的新帝國主義戰爭已經展開。根據史達林的分析，莫斯科領導深信：以鄰邦波蘭為主的歐洲戰爭，在所難免。因此，莫斯科的政策是，盡量使蘇俄不要捲入這場勢將擴大的帝國主義戰爭。因此史達林採取結盟路線，而且是雙管齊下；一方面與英、法進行結盟交涉，另一方面在同一時間又向德國進行試探改善兩國關係的接觸。

　　當時蘇俄的第二個五年計畫於一九三七年四月一日，在施行四年三個月後，「提前完成」。但是蘇俄在工業生產方面如電力、生鐵、鋼材，比德國落後。在農業生產方面如糧食和肉類，以及農工收入，由於人口的增長，到一九三八～三九年，遠比十年前降低很多。不過影響最深遠的，還是不斷激化的、大規模的「階級鬥爭」；整肅黨政異己，處死「階級敵人」。一九三四年第十七次黨代表大會選出一百三十九名委員及候補委員。五年後，到了一九三九年召開第十八次黨代表大會時，有九十八人 (70%) 被整肅或

被處死，未能出席。軍中情況更是嚴重。至一九三八年，被整肅的高級將領及各級軍官當在萬人左右。

　　這種整肅黨政軍異己的「階級鬥爭」，到了德軍進佔蘇臺區、佔領捷克以及即將發動攻擊波蘭的時候，還在進行。

　　當時，一九三八～三九年，史達林喊出的口號是：「我們必須隨時做好準備，擊退侵入我們領土的武裝攻擊；在敵人自己的領土上消滅敵人。」這是宣傳口號，為自己人打氣。史達林自己明白，三十年代，由於「階級鬥爭」在社會、經濟、軍事各方面所造成的內傷，蘇俄還沒有「禦敵於國門之外」的武裝力量。避免捲入戰爭，爭取時間，養精蓄銳，是為上策。外交的課題是謀取有利條件。這是蘇俄於一九三九年在德軍進佔捷克之後，與西方國家英、法兩國，同時又與納粹德國進行結盟交涉的背景。

　　蘇俄與西方國家以及與納粹德國的同盟交涉，尤其在最後階段，幾乎是同時進行；進行交涉的日期與政策上的決定有密切關係。談這一段歷史要特別注意「日期」。

A. 英、法、蘇同盟交涉

　　一九三九年三月十八日，蘇俄外長李特維諾夫 (Maxim M. Litwinow, 1876–1951) 對英國駐蘇俄大使奚斯 (William Seeds) 提出建議：鑒於德國正在與羅馬尼亞談判雙邊協定，召開由蘇俄、英、法、波蘭及羅馬尼亞參加的國際會議。此時，英、法對於恢復「集體安全」制度不感興趣，但有意聯合蘇俄，嚇阻納粹德國的擴張。四月十五日，法國向蘇俄建議，為了適應新的國際情勢，雙方應進行談判修改一九三五年簽署的互助協定。四月十八日，蘇俄政府正式邀請英國在莫斯科進行有關英、法、蘇三國結盟的交涉。張伯倫對於蘇俄的結盟建議持有拒絕的態度，但是英國前外長艾登

認為，如果英方一再拒絕，蘇俄勢將被迫靠攏納粹德國，不能漠視這個可能性。

五月三日，史達林免除親西方和提倡集體安全的外長李特維諾夫，任命親信莫洛托夫（W. M. Molotow, 1890–1986；外長：1939–1949）接任。此舉表示蘇俄外交政策的轉變。

一九三九年五月十一日，日本用四萬軍隊，動用戰車、重砲、飛機攻入外蒙古。蘇俄與蒙古有同盟關係，一直到七月初，紅軍與蒙古軍隊合力擊退日軍；日軍增援七萬五千人，待機反攻。日軍侵犯外蒙，使蘇俄面臨在亞洲和歐洲進行兩面作戰的威脅。這一情勢影響蘇俄的同盟交涉。

五月十四日，新任蘇俄外長莫洛托夫向英、法駐莫斯科大使提出一個相對的建議：英、法、蘇三國簽署對抗侵略者的互助協定，明確指出援助的方式與範圍。兩星期後，英、法大使答覆，基本上同意俄方立場，但主張在侵略發生時，首先進行協商，然後交由國際聯盟決定如何進行軍事及其他援助的方式。六月二日，俄方回答，主張由簽字國家共同決定援助措施，至於停火、講和等事宜，也要三方協調一致。

從簽字國的互助，雙方交涉也討論到如果愛沙尼亞及拉脫維亞被德國侵略時如何支援的問題。俄方要求英、法、蘇互助協定也應該包括對愛沙尼亞及拉脫維亞的安全保證。英國擔心蘇俄會藉機控制這兩個國家而反對。兩星期後，即六月十五日，駐莫斯科英國大使奚斯對俄方的互助協定草案提出修正建議，但是沒有解決爭執的核心問題，也就是明確指出雙方互助的義務。

六月二十九日，《真理報》發表史達諾夫（A. A. Shdanow，史達林的親信、政治局委員）的文章，指摘英、法政府無意與蘇俄簽署一個平等的互助協定；七十五天的交涉，一無所成。「蘇俄不願為他人火中取栗」。

　　《真理報》的文章發出兩個訊息：對西方國家施加壓力，接受俄方立場；對柏林示意，蘇俄與英、法的同盟交涉，陷入僵局。

　　英、法態度軟化，多少也受到德、蘇接觸的影響。七月十七日，英、法提出協定草案。一星期後，七月二十三～二十四日，英、法、蘇三國草簽互助協定。協定的第二款指出：針對協定第一款對被侵略的國家給予援助的方式與規模，簽字三國於最近磋商——軍事交涉。

B. 德、英交涉

　　上面提到，英國首相張伯倫對於蘇俄的結盟建議持有拒絕的態度。英國政府內部也有人主張用「經濟的綏靖政策」來阻止納粹德國用武力解決德國的經濟困局。另外，如果與德國達成協議，莫斯科的談判就是多餘的事；就像慕尼黑會議那樣，不要蘇俄參與歐洲事務。英國對波蘭的保證也是事非得已。但是德、英之間的祕密接觸，無論是正式的還是非官方的，都沒有任何進展。

　　六月八日及十二日，英國外長哈里費克斯在上院表示，德英兩國可以坐下來談談德方的權利要求。兩星期後，英國駐德大使韓德生對德方傳達英方立場：如果希特勒公開聲明放棄武力，英國對波蘭及羅馬尼亞的保證就失去意義；但澤自由市問題、修正〈凡爾賽和約〉有關殖民地的要求、簽署限武協定，以及談判解決世界資源的分配等等，都不是不可以解決的問題。六月中和六月底，英方提出上述建議的時候，正是英、法、蘇談判同盟協定陷入僵局之際。

　　希特勒的態度是拒絕的，因為德國不願意在經濟上受英、美的擺佈，取得一個從屬地位。希特勒的目的是，用征服生存空間來解決德國的經濟自主問題。德、英祕密接觸是英國有意，德國無情，但是雙方都主動走漏

消息，目的是對蘇俄施加壓力。

C. 德、蘇交涉

四月十七日，也就是蘇俄向英國提出結盟交涉的前一天，莫斯科透過蘇俄駐柏林大使梅利卡洛夫 (A. F. Merekalow) 向德國外交部次長魏塞克 (Ernst Freiherr von Weizsäcker, 1882–1951) 表示，希望洽談經濟問題，改善兩國關係。五月三日，史達林換掉外長李特維諾夫（猶太人），由親信莫洛托夫接任。第三天，蘇俄駐柏林使館的一位參贊探詢德方態度：蘇俄外長換人，對於德國的對俄路線有無影響？德國外交部反應冷淡，雙方沒有接觸。

五月二十二日，德、義兩國締結軍事同盟 (Stahlpakt)。對希特勒來說，這是攻打波蘭和日後進攻西方的準備措施。希特勒深信：「波蘭問題與西方的糾紛是分不開的」；在擊潰法國之前，絕不可能在東部開闢進攻蘇俄的第二戰場。當時，德國獲悉蘇俄與英、法進行結盟交涉（五月十四日，莫洛托夫向西方建議簽署互助協定）。如果結盟實現，勢將影響希特勒的戰爭計畫；腹背受敵，不能坐視。進攻波蘭引起戰爭之後，德國勢將遭受經濟封鎖，切斷來自國外的戰略物資、原料及糧食的進口，這也是在進攻波蘭之前必須解決的問題。

六月二日，德國駐莫斯科大使館經濟參贊希爾格 (Gustav Hilger) 走訪蘇俄經濟部門領導，討論貿易問題。一週後取得俄方同意：德國外交部東歐司主管前來莫斯科洽談經濟問題。

六月初，外交部得到希特勒的指示，轉告俄方：「是友是敵，就看蘇俄的決定了。」

六月十七日，次長魏塞克約見蘇俄駐德使館參贊，詳述德國外長關於

加強德、蘇兩國經濟合作的建議，同時強調：莫斯科要在德國與西方國家之間做一抉擇。六月二十八日，德國駐莫斯科大使舒倫堡 (Friedrich Werner Graf von Schulenburg, 1875–1944) 會晤蘇俄外長莫洛托夫，表示德國有意使德蘇關係正常化。後者沒有明確表態。

　　七月二十三～二十四日，英、法、蘇草簽互助協定。月底，希特勒再度指示：促進對俄諒解。目的是破壞蘇俄與西方結盟。同時，德使舒倫堡在莫斯科會晤莫洛托夫，明白指出：德國與波蘭發生軍事糾紛時，會考慮到蘇俄的利益，並且尊重俄方在波羅的海地區的權益。八月二日晚，外長李本特洛甫接見蘇俄駐德大使表示：如果蘇俄有意與德國合作，「從波羅的海到黑海之間沒有不可以解決的問題」。同時暗示：德、蘇兩國在波蘭問題方面也可以取得諒解。八月三日，外交部指示大使舒倫堡加強對話，實現德、蘇利益調整。當晚舒倫堡會晤莫洛托夫。後者問：德外長於八月二日對蘇俄大使的上述談話是否得到最高領導的授權？經過德使證實後，莫洛托夫表示歡迎建立經濟以及改善兩國關係，同時指出蘇俄與西方國家的交涉純屬「防禦性質」。在給外交部的報告中，德使相信：蘇俄的立場是，英、法如能滿足俄方要求的話，仍有意與西方國家結盟。蘇俄有意討論德方提出的問題，但目前的策略是拖。

　　就在這個時候，八月五日，英、法軍事代表團——團員身穿便服，從倫敦乘輪船出發。八月十日抵達列寧格勒，次日轉往莫斯科。英、法、蘇軍事交涉開始。俄方重視這件事情，由國防部長武羅史洛夫 (Kliment J. Woroschilow) 率團交涉。根據八月十四日的會談紀錄，這位部長首先指出：為了對抗在歐洲的侵略者，蘇俄可以出動紅軍一百二十個步兵師（每師兵力是一萬九千人，共計二百二十八萬人）、十六個騎兵師、九千至一萬輛戰車、五千至五千五百架戰鬥機及轟炸機。武羅史洛夫接著提出一個癥結問

題：如果被保護的國家遭受侵略時，蘇俄的地面部隊是否有權進入或通過這個國家的領土？具體地說，蘇俄要求獲得紅軍進入波蘭領土作戰的保證。

次日，英、法軍事代表團的回答是，要等西方政府與有關國家領導磋商。至八月十七日，倫敦與巴黎都沒有傳來消息。八月二十日，史達林下令停止軍事會談。

英、法政府沒有回答，是因為波蘭反對。在歷史上，俄國有三次瓜分波蘭的前科（一七七二年、一七九三年、一七九五年）。波蘭誓死反對蘇俄軍隊進入波蘭領土作戰，反對英、法與蘇俄結盟。波蘭人說：「德國佔領波蘭，波蘭人會失去自由。俄國佔領波蘭，波蘭人會失去靈魂。」

在八月十五日與十七日之間，史達林與蘇俄領導必須在「是友是敵」之間做出決定；對英、法不能一面倒，對德國不能再拖。

八月十四日與十五日，無論對蘇俄還是德國，都是兩個關鍵性的日子。

八月十四日，希特勒召集陸、海、空三軍總司令，根據國防軍總司令部司令凱特提出的波蘭作戰計畫，下令於次日開始軍事動員準備。進攻波蘭的日期是：一九三九年八月二十六日。

箭在弦上，柏林不能再等。

八月十五日凌晨四點四十分，德國駐莫斯科大使收到外交部長的一封長電，指示大使馬上會晤莫洛托夫，轉告下列各點：①兩國意識形態不同，並不影響兩國恢復正常關係。②德、蘇兩國沒有利害衝突，德國也無意侵犯蘇俄；從波羅的海到黑海之間的問題，可以使雙方都能得到滿意的解決。③一如過去，和為貴，否則兩敗俱傷。④西方的資本主義與民主制度是德、蘇雙方的主要敵人。⑤英國的政策使德國與波蘭的關係日趨緊張；英國實現軍事結盟的企圖，使德、蘇兩國有必要即刻處理雙邊關係。外長有意親自飛往莫斯科，進行交涉。

八月十五日晚，莫洛托夫接見德使舒倫堡。前者表示願意了解德方對於簽署互不侵犯條約的具體構想。如果德國外長來訪，不是交換意見，要有具體結果。八月十七日晚，舒倫堡再度走訪蘇俄外長。莫洛托夫接受德方建議，但是要求首先締結經濟協定，然後再談互不侵犯條約，包括一個處理波羅的海地區、波蘭、東南歐洲問題的附加議定書。至於德國外長來訪一節，還要充分準備。德方急如星火，沒有轉圜餘地，只好按照莫洛托夫的意思辦事。兩天後，八月十九日，〈德蘇經濟協定〉簽字，也就是史達林下令停止英、法、蘇軍事會談的前一天。根據這個物物交換的經濟協定，蘇俄供應德國戰略物資（鐵、錳、原油、白金等）以及棉花和糧食。德國提供蘇俄貸款、生產設備，特別是化學及輸油設備、電機器械等。第二天，莫洛托夫面交舒倫堡俄方的〈德、蘇互不侵犯條約草案〉，同時表示歡迎德國外長於八月二十六日或二十七日訪問莫斯科。

八月二十六日是希特勒下令進攻波蘭的日子，三軍已經開始進攻部署。形勢逼人，分秒必爭，希特勒不得不親自出馬。

八月二十日午夜零點四十五分，德使舒倫堡在莫斯科接獲希特勒發給史達林的急電。

這封電報全文很長，共分六節，要點如下：

①希特勒恭賀兩國簽署〈德蘇經濟協定〉，雙方關係進入一個新的階段。

②對希特勒個人來說，與蘇俄締結互不侵犯條約是恢復德國傳統的、使雙方雙贏的政治路線。德國決意採取適應新形勢的措施。

③希特勒接受莫洛托夫提出的〈互不侵犯條約草案〉，但指出尚有諸多相關問題，要盡快解決。

④關於俄方有意簽署附加議定書一節，如果德方的一位負責人前往莫斯科，就地討論，可以很快達成協議。

⑤德國與波蘭的緊張情勢已經到了不可忍受的地步，危機隨時可能爆發；德國決意全力保衛國家權益。

⑥時不我與，因此建議史達林，請於八月二十二日，至遲八月二十三日，接見德國外長李本特洛甫。

八月二十一日下午三點，舒倫堡把希特勒的電報面交莫洛托夫。當天下午五點，莫洛托夫根據史達林給希特勒的回電答覆德使：德國外交部長可於八月二十三日訪問莫斯科。

八月二十一日晚上十點三十分，希特勒接獲史達林的電報。他對正在參加會談的高級將領得意地說：「從現在起，波蘭是我的囊中之物了！」

八月二十三日下午一點，德國外長李本特洛甫乘希特勒的專機飛抵莫斯科。當晚六點，史達林與莫洛托夫在克里姆林宮接見德國外長。在三小時之內，雙方就〈互不侵犯條約〉及〈祕密附加議定書〉的內容達成協議。在休息時間十點左右,李本特洛甫就議定書中勢力範圍劃分一節請示柏林。夜十一點，希特勒回電同意。

〈德蘇互不侵犯條約〉及〈祕密附加議定書〉是在八月二十四日凌晨兩點簽字的。但是文件上的日期是八月二十三日。條約的主要內容是：

①互不侵犯，不論單獨或聯合其他勢力。

②倘簽字一方與第三國發生戰爭行為時，對方不得以任何方式支持此一第三國。

③雙方不得參加任何以對方為對象的軍事集團。

④雙方如有爭端，以和平方式解決。

⑤為期十年。

基本上，這個條約與莫洛托夫於八月二十日提出的草案內容一致。從內容來看也符合類似的國際條約。但是這個條約的第二條,意義並不尋常。

從下面對外不公開的〈祕密附加議定書〉和簽約前雙方的外交接觸來看，德、蘇兩國在簽訂這個條約的時候就已經達成協議：德國進攻波蘭，蘇俄不得支援波蘭，保守中立。希特勒可以無後顧之憂，放手行事。這不是史達林對希特勒有所偏愛，而是有利可圖。

〈祕密附加議定書〉是〈德蘇互不侵犯條約〉的主要部分，劃分雙方在東歐的勢力範圍：

① 蘇俄的勢力範圍是：芬蘭、波羅的海地區的愛沙尼亞及拉脫維亞、波蘭東部以及比薩拉比亞（Bessarabien/Moldawien，屬羅馬尼亞）。

② 德國的勢力範圍是：立陶宛及波蘭西部。即自立陶宛北部邊界起，中沿比薩河、納留河、威塞爾河及森河 (Pissa, Narew, Weichsel, San) 河流界限至波蘭南部（羅馬尼亞邊界）的土地。

關於波蘭這個國家獨立存在的問題，要看此後政治情勢的發展再定。

簽約後第三天，八月二十七日，《真理報》發表文章說：〈德蘇互不侵犯條約〉是英、法、蘇軍事談判陷入僵局之後，為了自衛而簽訂的，不是蘇俄預定的政策。當時蘇俄官方矢口否認德、蘇簽有〈祕密附加議定書〉。一直到一九九二年十月蘇聯解體，莫斯科電視臺才公開報導並出示原件。原件共九件及一張地圖，現存俄羅斯總統檔案處，德國外交部只有原件微捲一套。

互不侵犯條約的簽訂，過於會促。對希特勒來說，是先簽約、打波蘭；其他都是次要問題。在劃分勢力範圍方面，史達林未能獲得充分時間，熟思深慮，權衡利弊。根據〈祕密附加議定書〉，蘇俄取得「波蘭東部」，其中包括波蘭東部的兩個州：華沙州與魯布林州 (Woiwodschaft Warschau, Woiwodschaft Lublin)。從歷史、文化、民族來看，這是「最波蘭的」兩個地區。史達林的考慮是，這兩區將來難以統治、赤化，還是把這個燙手山

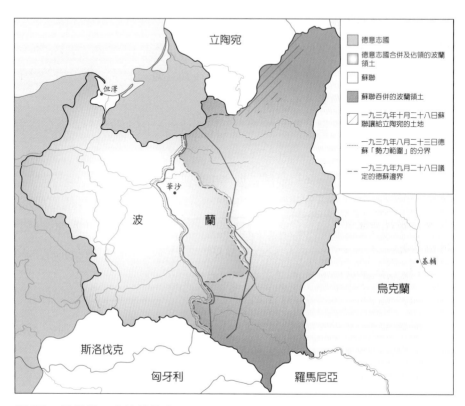

圖 37　希特勒、史達林協定

芋交給德國。補償辦法是，蘇俄取得整個立陶宛，這樣波羅的海三國愛沙尼亞、拉脫維亞和立陶宛就連成一氣。這是史達林的建議。希特勒未表反對，因為他要把整個東歐，包括波蘭、蘇俄，徹底日耳曼化。在征服生存空間的計畫中，進佔波羅的海三國也是即將發生的軍事行動。

　　一九三二年七月二十五日，蘇俄與波蘭簽有互不侵犯條約，為期三年。一九三四年五月五日延長至一九四五年底。雙方政府又於一九三八年十一月二十七日在兩國聲明中再度確認。根據這個條約的第三條，簽字國不得

參加以對方為假想敵的任何協定。〈德蘇互不侵犯條約〉的假想敵就是波蘭。史達林與希特勒締結互不侵犯條約是一種毀約背信的行為。

九月二十七日，德國外長李本特洛甫二度訪俄，下午抵達莫斯科。當晚十點在克里姆林宮談判，至半夜一點結束。第二天晚上七點，史達林設宴招待德國客人，晚宴後繼續會談，二十九日凌晨，雙方達成協議。

〈德蘇邊界暨友好條約〉文件上的日期是九月二十八日，實際上簽字的日期是一九三九年九月二十九日。這個條約一共有兩個「祕密紀錄」。一個是協調德裔居民遷出蘇俄勢力範圍的移民問題，另一個附加議定書是蘇、德雙方聯合鎮壓波蘭人的抵抗運動以及遏止波蘭流亡海外的政治人物進行復國活動。

〈德蘇邊界暨友好條約〉最後確認在德、蘇勢力範圍內的兩國「邊界」：

①蘇俄取得整個立陶宛、波蘭東部及庫爾地區 (Kurland)。

②德國在波蘭西部的勢力範圍向東擴展 (取得華沙州及魯布林州)，邊界北起自史瓦基 (Suwalki)，沿布格河 (Bug) 至波蘭南部。

這是歷史上的「第四次」瓜分波蘭。

德、蘇締結互不侵犯條約的第二天，八月二十五日，英國與波蘭簽署同盟條約。同時英國開始動員。簽約的當天，義大利駐柏林的大使傳話：義大利因為軍備有限，不能與盟友德國並肩作戰。

墨索里尼臨陣脫逃，希特勒情緒激動，但是片刻之後，還是接受陸軍總司令的建議，原定八月二十六日進攻波蘭的計畫暫時叫停。但是九月一日德軍進攻波蘭，不宣而戰。兩天後，英、法對德宣戰，第二次世界大戰開始。

九月十七日，蘇俄紅軍攻入波蘭東部的「勢力範圍」。年輕的俄國史學家認為，這是蘇俄繼德國之後參加第二次世界大戰的日子。但是傳統的俄

國學者反對這個論點：蘇俄因為納粹德國於一九四一年六月侵略蘇俄，進行保衛祖國，從而參加第二次世界大戰。蘇俄是納粹德國的犧牲者，不是侵略者。

〈德蘇互不侵犯條約〉又稱〈希特勒・史達林協定〉。根據陸軍參謀總長哈爾德 (Franz Halder, 1881–1972) 的「每日紀事」，希特勒對國防軍將領說：這個條約是他與「撒旦簽約」，是「為了驅逐魔鬼」。因此，有些德國學者也稱之為「魔鬼協定」。當時簽約消息傳出後，舉世震驚。

史達林與希特勒簽約，並不只是為了取得勢力範圍。史達林深信，希特勒進攻波蘭，英、法根據保證諾言必然出兵援助，資本主義國家之間的戰爭在所難免；蘇俄可以坐收漁利。此外，蘇俄獲得德國貸款及工業設備，爭取「喘息時間」，也有暫時與「魔鬼」希特勒簽約的必要。

在〈德蘇互不侵犯條約〉締結的前四天，一九三九年八月二十日，史達林在政治局發表談話指出：「我們絕對相信，如果我們跟法國與英國簽署同盟條約的話，德國會在波蘭問題上退縮，這樣戰爭就可以避免。但是對我們來說，在這種情勢下的日後發展包藏禍機。另一方面，如果我們接受德國締結互不侵犯條約的建議，德國一定會進攻波蘭；法、英兩國對這場戰爭進行干預，是不可避免的。……因此，我們的決定是很清楚的；我們接受德國的建議，對英、法代表團要有禮貌地拒絕，把他們送回他們自己的國家。我再重複一次，德國與英、法陣營發生戰爭，是我們的利益所在。對我們來說是非常重要的，就是這場戰爭拖得越長越好，最後雙方筋疲力盡。」

希特勒有了〈德蘇互不侵犯條約〉，解除後顧之憂，減少東西兩面作戰的危險，可以按照計畫摧毀波蘭。希特勒的目的不是「分贓」，因此他與「魔鬼」史達林有不同之處。史達林比較「謙虛」，他要「一國社會主義」，對

西方沒有領土野心。希特勒要在摧毀波蘭之後打垮蘇俄，征服生存空間；根除布爾什維克主義，滅絕猶太人。希特勒的野心太大了，大得最後終於吞噬了自己，也「遺害萬年」。希特勒要根除布爾什維克主義，但是這個「魔鬼協定」卻使希特勒自己成為布爾什維克主義在東歐及東南歐洲擴張的開路先鋒。沒有希特勒這個始作俑者，就不會有第二次世界大戰，蘇聯也不會控制了整個東歐和東南歐洲，導致東西冷戰數十年。

　　從一九三九年八月底德、蘇簽訂「魔鬼協定」到一九四一年六月進攻蘇俄，是將近二十二個月的時光。在這段時間，德軍佔領了九個國家：波蘭、丹麥、挪威、盧森堡、比利時、荷蘭、法國、南斯拉夫和希臘。除了「盟友」義大利之外，有四個國家在經濟上受制於德國或接受德國的「保護」：匈牙利、斯洛伐克、羅馬尼亞及保加利亞。兩個中立國家西班牙和葡萄牙也站在德國這一邊兒。一九四〇～四一年初，德國飛機轟炸英國城市，潛水艇擊沉英國船隻，造成重大損失。法國則是一個被佔領的國家。在歐洲只剩下了一個蘇俄——希特勒征服生存空間的最後一個目標。

　　從一九三三年一月希特勒接掌政權到一九四一年六月進攻蘇俄，不過是八年半的時間。在這短短的數年之內，希特勒能夠逐步實現他在《我的鬥爭》中所揭示的征服生存空間的構想，希特勒的「成就」不能不令人「刮目相待」。

　　希特勒接掌政權後，首先要全力恢復主權，重整武裝。為了實現此一目的，必須廢除——不是「修正」——〈凡爾賽和約〉的諸多限制。希特勒採取的措施是：退出裁軍會議及國際聯盟（一九三三年）、恢復普遍兵役制度，重建國防軍（一九三五年）以及進佔非武裝的萊茵地區（一九三六年）。到了一九三六年底，這些外交事件都能按照希特勒的意思，而且是在沒有惹起紛爭的情況下獲得解決，這是希特勒的外交成就。所有這些都是

〈凡爾賽和約〉的後遺症。

希特勒要打垮蘇俄，征服生存空間，這不止是一個意識形態的問題。從軍事戰略上的需要和經濟利益的考慮，希特勒又必須解決合併奧國和佔領捷克的問題。

當時德國有七千萬人口，加上奧國和蘇臺區的德國人也不過是八千萬人左右。蘇俄人口有一億七千多萬。打仗要錢，由合併奧國和佔領捷克所獲得的資金及資源是德國國防工業所急需的。另外，佔有捷克，德國可以避免來自側翼攻擊的危險，也是攻打波蘭的前提。到了一九三九年初，合併奧國和佔領捷克——希特勒利用捷克事件又取得控制斯洛伐克、匈牙利和羅馬尼亞的機會，也是在沒有惹起戰爭的情況下獲得解決的。這又是希特勒在外交上的成就，也獲得了全國上下的歡呼與歌頌。奧地利回歸祖國，收復蘇臺區，所有這些也都是〈凡爾賽和約〉的後遺症。

不平等的〈凡爾賽和約〉給希特勒一個用「合法手段」取得政權的契機。三十年代，希特勒在德國和歐洲呼風喚雨，左右時勢，〈凡爾賽和約〉也是他最大的政治資本，使希特勒能夠徹底完成廢除不平等條約的歷史任務。但是希特勒並未到此為止，因為他要在有生之年完成「歷史使命」——打垮蘇俄、征服生存空間。這兩件事與〈凡爾賽和約〉沒有直接關聯，但有其「歷史根源」。

第二次世界大戰結束後，英、美學者提出一個論點說：納粹主義是德國近百年來在文化和政治方面錯誤發展的頂點，其歷史根源可以追溯到馬丁・路德。當時，德國的許多知名學者，也是納粹時代的過來人，全力反駁，認為納粹主義是歐洲歷史自法國大革命以來發展的後果，是歐洲病態的一部分，不是德國的獨特現象。

一九五九年及一九六一年，德國史學教授費雪 (Fritz Fischer) 發表論文

及專著反駁德國學者的傳統說法：第一次世界大戰是一場「保衛戰爭」。費
雪根據他的研究心得指出：在第一次世界大戰時期，德國的軍事將領、政
治領導、企業人士以及傳統的社會菁英的共識是，實現擴張的戰爭目的，
取得「世界霸權」。

　　費雪的論點，當時遭到權威歷史學者的圍剿，認為費雪是「祖國的背
叛者」。這些人擔心，費雪的論點如果成立，這就會把德皇威廉二世的擴張
政策與希特勒的對外戰爭聯繫起來，因此竭力證明：希特勒與德國歷史沒
有延續性，納粹德國是德國歷史上的一場「意外事故」(Betriebsunfall)。

　　「意外事故」的說法，流傳頗廣。這個似是而非的說法，經過電視媒
體的傳播，更是影響深遠。

　　德國的全國第二電視臺（ZDF）於一九九五年播出在該臺負責德國現
代史的主編柯諾普 (Guido Knopp) 領導下製作的歷史文獻專輯：《希特勒
──蓋棺論定》（書名相同），一共六集，每集四十五分鐘，而且是在黃金
時間播出。國內收視率頗高，國外銷路也不錯。趁熱打鐵，柯諾普接著播
出文獻專輯：《希特勒的幫兇》、《希特勒的將領》等等。

　　這位戰後出生的主編主要論點是：「從馬丁・路德經俾斯麥不是一條直
路通達希特勒，至多是鋸齒形的發展路線。」(Knopp: *Hitler-Eine Bilanz*,
S.16) 在此後出版的有關著作中，柯諾普把「至多是鋸齒形的發展路線」刪
掉了。(Knopp: *Hitlers Helfer*, S.23) 這位主編說：在希特勒與德國人之間可
以看到目標上的部分一致。進軍萊茵、合併奧國、佔領蘇臺區，所有這些
都受到廣大多數同時代人的狂熱歡呼。「讓德國之外的德國人『回歸祖國』，
而且不動干戈，廢除〈凡爾賽和約〉的不平等條款，有什麼可以反對的?!
德國人所要的,也不過如此而已。」柯諾普接著指出：希特勒「這個外國人」
要幹的事情，即征服東歐和滅絕猶太人，在他一生中從來未敢公開表示，

至多是模稜兩可的暗示。「希特勒就這樣把德國人騙了。……」(Knopp: *Hitler-Eine Bilanz*, S.23; "Machterschleichung", S.17)

　　柯諾普的論點不僅是似是而非，也是對希特勒《我的鬥爭》的曲解；利用電視媒體廣為傳播，沒人反駁，這是一個值得深思的現象。

　　有些德國學者不同意「意外事故」的說法，強調：希特勒以種族論為核心的世界觀，是史無前例的，這不能視為是從俾斯麥到希特勒的德意志歷史發展的後果。這個論點基本上是正確的，但是要加以補充說明。

　　合併奧國、摧毀捷克、佔領法國、進攻波蘭、打垮蘇俄以及征服生存空間與實現東歐日耳曼化等等，都不是希特勒的創見，而有其「歷史根源」。就「第三帝國」的擴張政策來看，從俾斯麥經威廉二世、威瑪共和到希特勒是「一條直線發展」，也得到傳統的、保守的軍事將領、政治領導、企業人士和社會菁英的共識。但是在這裡要加以說明的是，希特勒的擴張政策不是目的，不是要實現德國在歐洲的霸權。希特勒的擴張政策是手段，用來摧毀蘇俄，根除布爾什維克主義，滅絕猶太人；要在東歐的廣大土地上建立一個以血緣為主的德意志「民族共同體」，一個不斷進行生存鬥爭的共同體。這是一個具有「希特勒特色」的新生事物，與德國歷史沒有「延續性」。

第四章　「永遠流浪的猶太人」

　　從希特勒接掌政權的那一天開始，希特勒就動員國家的整體力量，進行備戰；在內政上、外交上、軍事上為進攻蘇俄謀求有利條件。

　　希特勒的對蘇戰爭有兩個目的：一是摧毀蘇俄，征服生存空間，根絕布爾什維克主義；一是滅絕猶太人。

　　一九四一年十月，德軍攻打莫斯科失敗，十二月紅軍開始反攻之後，征服生存空間的希望渺茫。到了一九四二年底，史達林格勒戰役慘敗，更是大勢已去。希特勒的立場是：反對停火，拒絕議和，決不投降。在這種情勢下，對蘇戰爭只剩下了一個目的：滅絕猶太人 —— 「猶太人問題的最後解決」。

　　「為什麼在德國這樣一個文化發達的國度裡，會發生滅絕猶太人大屠殺這種慘絕人寰的歷史浩劫?」對於這個問題，德國及英、美學者意見不一，爭論不斷。但有一點可以肯定的是，希特勒以種族論為核心的世界觀，如果沒有適當的土壤、水分、空氣，也不會生根、成長、蔓延。「反猶太主義」是促成猶太人大屠殺的重要原因之一。「反猶太主義」是十九世紀七十年代才出現的一個名詞。在這之前，迫害猶太人的行為與思想，是具有宗教意義的「反猶大主義」。

一、反猶大主義

在歐洲，對猶太人的敵意及反猶措施由來已久，可以追溯到古代羅馬，乃至埃及。但在十一世紀以前，在歐洲還沒有出現對猶太人的普遍敵意。自十一世紀末至十三世紀末十字軍七次東征之後，情形大變。到了中世紀，由於猶太人逐漸形成一個特殊的、孤立的社會團體，原有的宗教敵意，演變成為反對一個在中世紀等級社會之外的「少數民族」宗教共同體。基督教會、教徒與猶太人徹底劃清界限，兩者是「敵我關係」。

基督教會對猶太人的指責很多，最重要的是：猶太人不承認耶穌是救世主，是害死耶穌被釘在十字架上的兇手。「猶大」(Judas)，一直到今天仍是「背叛」、「出賣」的同義語，也是「反猶大主義」(Antijudaismus) 這個字眼的來源。

在聖經《新約》中，反猶語錄俯拾即是。根據美國猶太學者高哈根（參見頁 202）的新著《天主教會與猶太人大屠殺》（二○○二年），《新約》中的反猶言論共有四百五十處之多。他要求天主教會「修約」，停止繼續進行反猶太的傳教活動，因為這是「歷史的誹謗」，是說任何時代，所有的猶太人都是殺害耶穌的兇手。幾百年來基督教會不斷重複「猶太人害死耶穌」的譴責，使基督教徒與猶太人的關係不共戴天，「仇深似海」。

在基督教社會中，有一個流行的用語：「永遠流浪的猶太人」(Der ewige Jude)。關於這個用語的來源傳說不一。根據一二二三年最早的義大利文字記載是說：基督教徒在朝聖的路上，遇到一個猶太人，因為他曾催趕身背十字架前往刑場的耶穌，而被罰到處流浪，一直到耶穌再現為止。一六○

圖 38 「猶大的擁吻」是義大利名畫家紀歐陶（Giotto di Bondone，約 1266–1337）在威尼斯西邊小城巴杜阿教堂 (Cappella degli Scrovegni/Arenakapelle in Padua) 繪製的壁畫（約 1303–1306）中的一部分。身披代表忌妒和貪婪「黃色」長袍的猶大，是出賣和背叛的象徵。

〇年，這個「永遠流浪的猶太人」有了名字，一個有血有肉的人物：「阿哈維路斯」(Ahasverus)，他是一個鞋匠，因為他不讓身背十字架前往刑場的耶穌在他門前休息，被罰到處流浪。自從十七世紀以來，一般認為把猶太人從他們的家鄉趕走，永遠流浪，是上帝對猶太人害死耶穌被釘在十字架上的懲罰。十八世紀以後，阿哈維路斯是許多德意志反猶太文學作品及戲劇的主題。「永遠流浪的猶太人」是自己作惡而受難的形象，是一切災難、罪惡的化身，也是「猶太人」的同義語。到了納粹年代，這個用語又有了新的內涵。此是後話，下章論及（參見五／二、一九三九年～一九四一年：日耳曼化政策，頁167）。

　　一二一五年，教宗會議規定：基督教徒不准與猶太人結婚。猶太人不准與基督教徒住在一起。猶太人家庭不准僱用基督教徒為傭人。猶太人要穿特別的服裝或標誌（如戴尖頂帽子），不得接受高等教育。復活節的前一週，猶太人不准上街（復活節前的星期五是耶穌受難日）。這是基督教會第一次用文字措施，從基督教社會中排除猶太人，劃清界限。

　　一二一五年的教宗會議又進一步規定：猶太人不得插身基督教徒所從事的各種職業；猶太人只能在經濟方面尋找出路，如交易與貸款等專門行業，因為基督教會根據教義禁止基督教徒從事這兩種行業。猶太人對小市民放高利貸，猶太財閥則是帝王諸侯的「金牛」，享有特權。猶太人是臭名昭著的「重利盤剝者」。自十三世紀以來，反猶的宗教敵意，又多了經濟的偏見。

　　十三世紀以來的反猶措施，主要是防禦性的劃清界限。三百年後，才發展成為「趕走他們！」

　　一五二三年，馬丁・路德發表一篇文章：〈耶穌基督是一個天生的猶太人〉。這篇文章旨在說明：大家都是「自家人」，耶穌基督、神愛世人，也

包括了猶太人——上帝的子民——應該接受聖寵。但是猶太人迄今未能皈依基督教走上正途，這不是猶太人的錯，而是基督教會拒人千里之外。上帝恩寵給予所有世人，不應「內外有別」。

二十年後，一五四三年三月，已屆耳順之年的路德推出第一部有名的反猶著作:《論猶太人及其謊言》(*Von den Jüden und iren Lügen*)，二百多頁。路德不再與猶太人「對話」，因為那「好像你對一隻母豬傳播福音」。這是對「猶太人問題」的一篇戰鬥宣言；路德深信，猶太人不可救藥，永遠不會皈依基督教，改邪歸正。

路德的這部反猶論著有三點內容: ①維護耶穌基督與上帝的尊嚴。路德指出: "Jesus"（耶穌），希伯來文的原意是「救世主」，但是猶太人去掉這個字的 "S"，寫成 "Jesu"，是希伯來文的數字 316；這個數字也是希伯來文的一個瀆神字眼: "Vorik"（空洞無物）。不僅如此，猶太人說耶穌是「龜

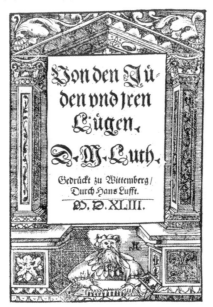

圖 39　馬丁・路德反猶著作:《論猶太人及其謊言》(*Von den Jüden und iren Lügen*, Wittenberg, 1543) 的封面。封面下邊是一個手按算盤放高利貸的猶太人。木刻版畫，一五四三年。

兒子」，把聖母瑪麗亞 "Maria" 寫成 "Haria"（壞女人）；說瑪麗亞是「破鞋」，偷漢子，跟一個鐵匠生下了耶穌。②加強基督教徒的信仰，防止猶太人的「精神污染」。③猶太人是「魔鬼的子孫」，虛假、頑固不化，是應該進入地獄的瀆神者；不願意、也不可能接受聖寵，要用一切手段進行鬥爭。在論著最後一章〈結論〉中，路德脫離了宗教論爭的範疇，是一個一手持十字架，一手拿利劍的鬥士，掀開一場政治的反猶鬥爭。路德向諸侯當道提出「七點忠告」：

① 「猶太人的教堂、學校用火燒掉。燒不著的東西，用土埋掉，不要讓人們看到一塊石頭或一點渣滓。」

② 「砸碎、砸毀猶太人的房子。……把他們跟吉普賽人一樣趕入牛棚，讓猶太人知道，他們不是我們這塊土地的主人。」

③ 搶走猶太人所有的祈禱經書和猶太教法典，那些傳播偶像崇拜、謊言、詛咒、褻瀆上帝的東西。」

④ 「徹底禁止拉比（猶太教經師）繼續傳教。」

⑤ 「撤銷對猶太人出門遠行的許可，讓猶太人留在家裡。」以免從事放高利貸的活動。

⑥ 「禁止猶太人放高利貸，沒收他們的現款、貴重物品，代為保管。因為猶太人所擁有的東西，都是用高利貸從我們這裡偷走和騙走的，因為他們沒有其他的謀生之路。」

⑦ 「讓年輕的、強壯的猶太人和猶太女人用自己的辛勤和勞力餬口；不要猶太人好吃懶做，坐享其成。」總之，對猶太人不能心軟，同情只有招來更多的麻煩。但是對他們過於偏激，也不會好到哪裡。「因此，永遠趕走他們!」

一五四六年二月十五日，路德在他逝世前最後一次的佈道中，還大聲

圖 40 一個基督教徒或農民走進猶太人的「錢莊」貸款，在放高利貸的猶太人面前擺著算盤和錢袋。木刻版畫，一五三一年。

圖 41 「火燒猶太人」，木刻版畫，紐倫堡，一四九三年。

中世紀對異教徒、巫婆進行的火刑是在木柴堆上點火燒人。但對猶太人則在土坑內燒人，而且猶太人要戴規定的兜帽或尖頂扣帽。

疾呼：「趕走他們！」

路德的《論猶太人及其謊言》可以視為反猶大主義的經典著作。

一五四三年五月，路德接著推出第二篇反猶傑作：〈論祕教神知說及論耶穌基督的家世〉。

這篇反猶論文主要是強調猶太人祕教神知說是「猶太母豬」屁殷裡的智慧；這是文章的重點。

路德說：「在威騰堡我們教堂這裡有一副石雕母豬像，下面躺著幾隻乳豬和猶太人在吃奶。在母豬的後面是一個猶太拉比經師，他拉起母豬的右腿，用他的左手向上掐住母豬的尾巴，彎著腰，用心地從尾巴下面往裡面的猶太教法典鑽看，好像要讀到和找到一些尖銳的、特殊的東西。他們的祕教神知說肯定就是這樣。……這是他在哪裡讀到的?就是母豬的後屁殷。」

路德的這篇論文，在諸多不同版本的路德「文集」中，很難查到。「物以稀為貴」，引出原文，立此存照：

"Es ist hier zu Wittenberg an unserer Pfarrkirche eine Sau in Stein gehauen. Da liegen junge Ferkel und Juden drunter, die saugen. Hinter der Sau steht ein Rabbiner, der hebt der Sau das rechte Bein empor und mit seiner linken Hand zieht er den Bürzel über sich, bückt (sich) und guckt mit großem Fleiß der Sau unter den Bürzel in den Talmud hinein, als wollte er etwas Scharfes und Sonderliches lesen und ersehen. Daselbst haben sie gewißlich ihr Schem Hamphoras. ...Wo hat er's gelsen? Der Sau im [grob heraus] Hintern."

Martin Luther: "Vom Schem Hamphoras und vom Geschlecht Christi", 1543, Weimarer Ausgabe(1883): 53.600,7–601,13.

引自：Bienert: *Martin Luther und die Juden*. 1982, S165；參見：*Luthers Kampfschriften gegen das Judentum*. Hrsg. von Walther Linden. Berlin:

Klinkhardt & Biermann 1935. S. 84.

在中世紀，「豬」這個字有罪惡、不潔、放縱的意思。按猶太教規，猶太人不准吃豬肉。基督教會把豬與猶太人連在一起，不止是對猶太人的一種侮辱。「猶太母豬」(Judensau) 這個形象說明，猶太人吃母豬的奶，與豬這個動物有「親屬關係」。換句話說，猶太人不僅是「非我族類」，而且根本就不是「人」。在德國的史學論著及辭書中，很少能夠讀到有關「猶太母豬」的記載。著者以為，「猶太母豬」可以視為納粹主義種族的反猶太主義的「歷史根源」。

路德用「猶太母豬」要說明的是：猶太人反對基督教義的論點，不是引自《聖經》，而是取自《猶太教法典》(Talmud) ——「猶太母豬」後屁股裡的東西。

上面路德提到的威騰堡教區教堂的「猶太母豬」石雕像，是一三〇四年刻製的。路德死後兩百年，在浮雕上面加刻了路德上述引文的三個字："Rabini Schem HaMphoras"（拉比經師的祕教神知說；亦可譯為：拉比經師闡釋的〔上帝〕名字），——這是在「猶太母豬」浮雕像上加蓋神學權威路德的印信。路德死了已經四百五十多年，這個「猶太母豬」浮雕像，依然健在。對於訪問威騰堡的遊客來說，一五一七年路德「張貼九十五條綱領」的教區教堂是一個觀光景點，教堂外牆上的「猶太母豬」雕像也值得一看，是德意志的「古蹟」之一。但是德國導遊不會介紹這個典故。

在德國，戰後出生的一代，一直到今天，包括知識分子，很少有人知道路德反猶的經典著作：《論猶太人及其謊言》。至於第二篇反猶大作：〈論祕教神知說及論耶穌基督的家世〉，知道的人更是罕見。對德國人來說，路德是「先師」，是「聖人」；不能有任何瑕疵；避而不談，過濾淨化，也就不足為奇了。

圖42　據說這幅「猶太母豬」(Judensau) 木刻版畫，於一四七〇年左右出現在南部德意志，畫家姓名不詳。這幅「猶太母豬」畫與馬丁・路德提到的「猶太母豬」雕像，不盡相同。前者畫面上是四個猶太人在母豬的肚子下面吃奶。在路德引述的雕像上面是猶太人與乳豬一同吃奶。雕像是一三〇四年刻製的，比這幅「猶太母豬」木版畫早了一百六十多年。
「猶太母豬」這個形象說明，猶太人吃母豬的奶，與豬這個動物有「親屬關係」。換句話說，猶太人不僅是「非我族類」，而且根本就不是「人」。在德國的史學著作中，很少有人提到這個「典故」。「猶太母豬」可以視為納粹主義種族的反猶太主義的「歷史根源」。

　　希特勒非常欣賞路德於一五四三年發表的這兩篇反猶論著，特別下令翻印二百萬冊，廣為流傳。納粹黨的反猶健將史特萊赫 (Julius Streicher, 1885–1946)，在一九四六年接受紐倫堡國際法庭審判德國戰犯提出答辯時說：馬丁・路德是他反猶太主義的精神導師，是他的共同被告。戰後，有些美國學者認為，納粹主義是從路德的宗教改革中衍生出來的，但德國人

不喜歡「從路德到希特勒」這個論點。不論喜歡與否，事實上，希特勒及
納粹黨人從路德的反猶論著中，拾得不少有用的「牙慧」。

二、反猶太主義

自中世紀以來，基督教會、教徒對猶太人的偏見，多半是宗教的和經
濟的動機。到了十九世紀七十年代，基督教徒對猶太人的仇恨有了質的變
化。

十九世紀七十年代末出現了一個新名詞：「反猶太主義」，係指一個非
宗教的、現代的反猶運動與思潮。德國是這個現代反猶運動的發源地，也
是這個新名詞的老家；又從德國傳到奧國、匈牙利、法國，以及東歐國家。

"Antisemitismus" 這個名詞，中文通常譯為「反猶太主義」，但是也有
臺灣學者譯為「反閃族主義」（王琪：《納粹主義運動……》，頁 54, 68, 76）。
首先應該澄清這個名詞，談談這個現代反猶思潮的來龍去脈。

一八六〇年，東方學專家史坦思奈德 (Moritz Steinschneider, 1816–
1907)，在他自己主辦的雜誌 "Hamaskir" 發表一篇評論史坦塔爾（Chajim
H. Steinthal, 1823–1899，語言學家、民族心理學家、柏林大學教授）有關
閃族性格特徵的論點。史坦塔爾認為：閃族人、以色列人以及猶太人沒有
區別，完全一樣。史坦思奈德批判史坦塔爾的這個論點是 "antisemitisches
Vorurteil"（反閃族的偏見）。

史坦思奈德在這裡第一次使用「反閃族的」這個字，但不是指對整個
閃族採取敵對的一種態度。他要指出的是：猶太人在閃族之內佔有一個特
殊的地位，不能「等量齊觀」。史坦塔爾論點所使用的「反閃族的」這個字

的原意是：“antijüdisch”（反猶太人的）意思。

一八七九年九月二日，在柏林的一家報紙上第一次出現 “antisemitisch” 這個字，是「仇恨猶太人的」間接表示。

一九三五年，納粹政府宣傳部基於外交上的考慮，下令在論及「猶太人問題」時，不得使用 “antisemitisch” 或 “Antisemitismus” 等字眼，因為納粹政府的政策只是反對猶太人，不是以閃族整體為對象，要以 “antijüdisch”（反猶太人的）代替。

基於上述，“Antisemitismus” 這個名詞，不能按字直譯，應該譯為「反猶太主義」。從此後的發展來看，這個名詞也與「閃族」無關。

從十九世紀七十年代以來，已經出現經濟危機（一八七三年）、文化鬥爭和自由主義衰落的現象，也同時產生了現代的「猶太人問題」。

由於「同權化」運動，猶太人在法律上獲得平等地位之後，逐漸脫離傳統的猶太宗教共同體，而進入市民階層社會。猶太人在企業、新聞、文化、學術以及在左翼政治界方面都有出色的成就。就是在這個時候，一八七九～八○年出現了「反猶太主義」這個新名詞。「閃族主義」是一個討論猶太人特徵的學術用語，「反猶太主義」則是一個對猶太人具有敵意的政治口號；在新的定義下，反對一個舊的敵人。

首先，「反猶太主義」不以基督教會的信仰為前提，反對猶太人的宗教；宗教與教義是次要問題。歷史、文化、語言是構成一個民族的因素，但是種族決定一個民族的特徵。其次，「反猶太主義」是對猶太人在同權化運動影響下，而產生的現代「猶太人問題」的反應。「反猶太主義」不再是反對一個具有獨自生活方式的弱勢宗教共同體，而是反對已經進入市民階層社會，但不可能同化的一個強勢團體。人們擔心，長此下去會與猶太人融為一體，沒有你我之分，把自己變成猶太人。「反猶太主義」是阻止或撤除對

猶太人的「同權化」。最後，「反猶太主義」也是對一七八九年法國大革命
的理念、自由的國家體制與社會規範以及對資本主義制度的抗議運動。換
句話說，也是對一八八十年代以來由於急速工業化而發生的社會貧困現象
的不滿。德國建國後，一八七十年代發生的經濟危機以及自由主義的衰落，
使這種「反猶太主義」運動獲得了發展的機會。帝國時代保守分子的反猶
言論，主要是從民族主義的、君主主義的、反資本主義的、反社會主義的
以及反民主主義的立場出發，把猶太人視為「現代化」發展和自由主義制
度的代表，是威脅文化遺產、君主法統和傳統的社會秩序的危害分子。「反
猶太主義」也可以說是一種以猶太人為鬥爭對象的民族主義運動。

　　基督教會對猶太人的敵意，從開始到近代，主要是惡意中傷與劃清界
限。基督教徒與猶太人雖然處於敵我關係，但是猶太人如果皈依基督教，
接受洗禮，聖水可洗去一切罪惡，「立地成佛」。但自十九世紀初種族學說
出現以後，反猶大主義進入反猶太主義的新階段。具體而言，皈依基督也
無法改變猶太人不可改變的種族特性。一位左派黑格爾信徒，也是種族學
說的提倡者鮑爾 (Bruno Bauer, 1809–1882) 指出：「洗禮並不能使猶太人變
成日耳曼人。」

　　十九世紀末，由於在學術研究方面「實證主義」的影響，種族思想得
到發展；優生學、種族生物學等都是流行的課題，促成「種族的反猶太主
義」的形成。這個時期，在「反猶太主義」以及在「種族的反猶太主義」
的發展方面，有下列幾位代表人物：

杜林 (Eugen Dühring, 1833–1921)

　　根據一八七一年的德意志帝國憲法猶太人獲得同等權利之後，出現了
很多反猶太主義的「學術」社團。當時重要的代表人物之一就是杜林。

　　杜林是一位有名的哲學家和國民經濟學教授，也自認是「反猶太主義」
的奠基者。一八八一年初，杜林發表一篇論文討論猶太人的「種族危害」。
一八九二年出版專著《猶太人問題是一個對諸多民族的生存、風俗、文化
的種族危害問題》(*Die Judenfrage als Frage der Racenschädlichkeit für Existenz, Sitte und Cultur der Völker*)。杜林的論點，對此後有關反猶太主義的
種族學論著發揮了主導作用。此時反猶太主義分子，由於猶太人「不可改
變的種族特徵」，不僅要求遏制猶太人在社會上的影響，而且全力主張趕走
猶太人。這個口號不是「新生事物」，早在五百三十多年前，馬丁‧路德就
已經大聲喊過了。

傅立石 (Theodor Fritsch, 1852–1933)

　　為了傳播反猶太主義，傅立石創辦了一個出版社，同時發行雜誌。他
在一八八七年發表的《反猶太主義者問答手冊》(*Antisemiten-Katechismus*)
中，蒐集了知名人士的反猶言論，自一九〇七年改稱《猶太人問題手冊》
(*Handbuch der Judenfrage*, Leipzig 1907, 1923/29. Aufl.)。

　　該書於一九一九年賣出六萬七千本。一九三五年出了第三十五版。在
一八八八年的第五版中，傅立石引述了華格納兩篇著名的反猶文章："Das Judentum in der Musik", 1850; "Erkenne dich selbst", 1881。這一段的結語是
華格納的名言：「猶太人是人類衰落的魔鬼形象。」

　　艾卡特 (Dietrich Eckart, 1868–1923)，希特勒的「老師」，於一九二〇年
說：「《猶太人問題手冊》是我們整體的精神工具。」艾卡特曾參加希特勒暴
動，入獄。出獄後不久逝世。希特勒在《我的鬥爭》第二卷結尾時，特別
提出艾卡特的名字，獻給這位建黨時期的精神導師。在納粹年代，傅立石
的這本《猶太人問題手冊》是公立學校採用的教科書。

雷茲 (Fritz Lenz, 1887–1976)

進入二十世紀初期，就有反猶太主義學者企圖在大學開設「民族優生學」的科系。在威瑪共和時期，「種族學」與「優生學」是熱門專業。一九二三年，雷茲出任德國慕尼黑大學第一位種族學教授，也是這一科系的主要倡導人。

雷茲在他的主要著作《人類的淘汰與種族優生學》(*Menschliche Auslese und Rassenhygiene*, München 1923) 中，全面論述保持北歐種族純潔的優生措施，這是種族學的經典著作。

古比諾 (Arthur Comte de Gobineau, 1816–1882)

法國史學家古比諾在他的四卷鉅著《試論人類種族的差別》(*Versuch über die Ungleichheit der Menschenrassen*, 1853–1855；德文本：1898–1901) 中指出：對於黑人、猶太人等劣等民族與亞利安人、日耳曼人要加以區別，要用保持純潔血統來維護「高等種族」的延續。他認為，近代的文化衰亡，與不斷蔓延的種族混血有關。「亞利安白種人」體現了文化與道德發展的頂點，但是這個優越性面臨種族混血的威脅。古比諾強調保持純潔的血統和種族有高低優劣之分，為種族的反猶太主義者提供了新的思維模式。

華格納 (Richard Wagner, 1813–1883)

華格納是從反猶大主義到反猶太主義蛻變過程中的代表人物，也是希特勒和納粹黨人最崇拜的德國音樂家，他不僅認為猶太人沒有藝術上的創造能力，同時強調猶太人是「寄生動物」。華格納的斷語是：「對你們應受懲罰的唯一解救，就是對阿哈維路斯的解救 —— 滅亡。」（參見：四／一、

「永遠流浪的猶太人」，參見 p. 136）就納粹政權滅絕猶太人大屠殺的「最後解決」而言，說華格納是「先知先覺」，當之無愧。

張柏倫 (Houston Stewart Chamberlain, 1855-1927)

張柏倫是華格納的乘龍快婿，對德國反猶太主義的傳播影響很大。

從達爾文理論發展出來的「適者生存」、「優勝劣敗」說，使古比諾的種族論有了新的內涵。張柏倫在他的鉅著《十九世紀的基礎》(*Die Grundlagen des 19. Jahrhunderts*, 1899) 中，把文化肩負者「亞利安人」與種族鬥爭結合在一起，即亞利安人要與劣等混血的猶太人 —— 文化的破壞者，進行歷史的對抗，你死我活。張柏倫是種族的反猶太主義先驅者。

特萊茨克 (Heinrich von Treitschke, 1834-1896)

特萊茨克是普魯士的著名史學家。一八六六年，才三十二歲，就出任基爾大學教授，自一八七四年在柏林大學執教。一八七一年至一八八八年任國會議員。特萊茨克是一個極端的民族主義者，深信德意志傳統美德的優越性，也是一個狂熱的種族主義者，主張德意志民族應統治斯拉夫人種的劣等民族，提倡擴張殖民地，戰爭是適當的手段。

一八七九年十一月十五日，特萊茨克在《普魯士年鑑》發表了一篇文章，題目是：〈我們的展望〉，其中有一句名言是：「猶太人是我們的災難。」這句話不止是針對德國猶太人，而是指整個猶太民族是人類的災難。這篇文章引起當時有名的「柏林反猶太主義論戰」。

古比諾、華格納和張柏倫的種族「反猶太主義」，有其深遠影響，但是未能走出上層社會、學術圈子。特萊茨克的一句話「猶太人是我們的災難」，簡潔明瞭，深入人心，能夠「走到群眾中去」，納粹黨人更是奉為「經典語

錄」。對反猶太主義分子來說，特萊茨克的這句名言，在戰後德國和威瑪共和的二十年代得到印證。

三、「猶太人是我們的災難」

從一八七一年德意志帝國建立到一九一八年第一次世界大戰結束，反猶太主義在德國處於「退潮」階段。但自一九一八年以來，大多數德國人錯誤地相信：對於第一次世界大戰的失敗、不平等的〈凡爾賽和約〉，以及第一波經濟危機，猶太人是罪魁禍首。換句話說，第一次世界大戰結束後，反猶太主義在德國內憂外患的年月裡，出現了高潮。

一九一八年十一月八日，德國簽署停戰協定，接著發生「十一月革命」，德意志帝國解體。一九一九年六月，締結不平等的〈凡爾賽和約〉。軍方不認輸，因此有「背後一刀說」，說猶太人就是背後的黑手。當時傳說，猶太商人交出的軍需物資偷工減料，許多猶太人發了國難財。

一九一七年，英國政府表示有意在巴勒斯坦建立猶太人的家園。戰後反對猶太人的社團說，這是猶太人與德國的戰爭敵人「裡通外國」。

在獨立社會民主黨內的左翼組織「斯巴達克同盟」於一九一八年十二月三十日成立了「德國共產黨」，兩位領導人之一是女強人盧森堡（Rosa Luxemburg, 1870–1919，猶太人）。「十一月革命」的火焰蔓延到慕尼黑。該地的德共自一九一九年三月起由一位來自莫斯科的共產黨人雷維諾（猶太人）領導。在沒有莫斯科的指示下進行單幹，於四月七日成立了「蘇維埃共和國」，領導人艾思納，是獨立社會民主黨在慕尼黑的黨主席，出身作家，也是猶太人。一九一九年初，盧森堡及艾思納被右派軍人及右派組織暗殺。

　　慕尼黑「蘇維埃共和國」的「革命」時間不長，卻引起人們對布爾什維克主義的深刻體驗，更加仇恨共產黨人。由於當時獨立社會民主黨的極左分子以及共產黨的一些領導人都是猶太人，因此反布爾什維克主義與反猶太主義又是同義語了。

　　威瑪共和時期的反猶太主義，並不限於反對猶太共產黨人。在當時的共和政府中，猶太人也佔有相當的領導地位。

　　一九一八年「十一月革命」發生當時，十一月十日，成立了過渡政府：「人民代表委員會理事會」，由六名成員組成，其中有兩名是猶太人：蘭斯伯 (Otto Landsberg, 1869–1957)，社會民主黨人；及哈澤 (Hugo Haase, 1863–1919)，獨立社會民主黨主席。

　　一九二二年，威瑪共和政府的外交部長拉特瑙 (Walther Rathenau, 1867–1922) 就是猶太人。上任不過半年，於六月二十四日在上班途中，兇

圖 43　「在敵國背後的猶太人」——「裡通外國」，納粹黨宣傳海報，一九四二年。

手用兩輛轎車攔截，跳入敞篷轎車內射殺，拉特瑙當場死亡。主要兇手是
一名退役軍官和一個祕密右派組織的成員。在右派反猶太主義分子的眼裡，
拉特瑙是威瑪「猶太人共和國」的「典型代表者」：他是一位在國防經濟方
面非常活躍而且富有的企業家；贊成履行〈凡爾賽和約〉的諸多義務，是
一個標準的「出賣國家利益」的「十一月罪人」。拉特瑙主動促成德國與「猶
太布爾什維克的」蘇俄締結建立外交關係的〈拉巴洛條約〉（1922 年），是
一個背叛國家的「外國的掮客」。

　　自從十九世紀中葉，猶太人逐漸在法律上取得平等地位，以及由於啟
蒙運動的影響在基督教徒社會中同化之後，猶太人有機會參與政治活動。
他們對自由主義、社會主義和共產主義特別感到興趣，大多數也都加入社
會民主黨或共產黨，因為這兩個政黨主張猶太人的平等權利，與保守的天
主教黨、民族主義的政黨、社團不同。極左的革命分子為數不多，但是興
風作浪，影響不小。慕尼黑的「蘇維埃共和國」就是一個例子。威瑪共和
被稱為「猶太人共和國」，不為無因。納粹黨人把猶太人與俄國的「十月革
命」連在一起，創造了一個新的名詞：「猶太人的布爾什維克主義」，用來
煽動恐共和反猶情緒。這是在反猶太主義方面的政治偏見。

　　民族主義與反猶太主義結合在一起，使政治文化的轉型發生了重大作
用。保守政黨在接受現代社會措施及意識形態的情形下，成功地爭取到中
產階級的選民，因為反猶太主義是帝國時代的右派分子及民族主義分子共
同接受的世界觀。

　　二十年代的反猶太主義分子，他們反對猶太共產黨人，反對在政治、
經濟方面的猶太領導人物，但對猶太小市民也不例外。

　　當時生活在德國的猶太人大多數都已經同化了。一八九三年，猶太人
在柏林創立了「信仰猶太宗教的德意志公民總會」(Centralverein deutscher

Staatsbürger jüdischen Glaubens)，這是當時對抗反猶太主義的一個自衛組織。在第一次世界大戰時，有三萬五千名會員，到了威瑪共和時期，會員多達七萬人。

會章的宗旨是：「聚集信仰猶太宗教的德意志公民，不問對宗教、政治的態度，全力保持他們國家公民與社會的平等地位，以及加強對德意志信念堅定不移的維護。」從這個團體的宗旨及活動來看，德國猶太人在當時反猶思潮的大氣候下，要求保持政治上及社會上的平等地位，同時接受德國是德國猶太人的「祖國」。對這些德國猶太人來說，傳統的宗教束縛及習俗逐漸失去意義，猶太人只慶祝重大節日。他們對於猶太人自十九世紀末以來在經濟、文化及社會上的重大貢獻感到驕傲。但是猶太人對德國文化與「祖國」的熱愛，並未能得到善意的回應。

這些「信仰猶太宗教的德意志公民」與當時的「東歐猶太人」(Ostjuden)劃清界限。被右派刺殺的外交部長拉特瑙就痛斥「東歐猶太人」是「亞細亞的原始部落」。「東歐猶太人」大多數是正統的猶太教徒，他們有自己的特殊服裝、語言，是從東歐逃來的「經濟難民」。反猶太主義分子對於已經在德國生根的猶太「原住民」與後來的「東歐猶太人」不加區別，都是他們的眼中之釘，攻擊對象。反猶太主義分子認為，在二十年代內憂外患的日子裡，猶太人的存在加深已經無法忍受的生存危機，「猶太人是我們的災難!」

一九三九年，納粹政府強迫「信仰猶太宗教的德意志公民總會」改名為「在德國的猶太人全國協會」(Reichsvereinigung der Juden in Deutschland)。這個會名的意思是，不承認猶太人是德國人，更不是「德國公民」。自從「最後解決」的大屠殺發生以後，猶太人自己又找到了新的認同。持有聯邦德國國籍的猶太人，不再稱自己是「有猶太信仰的德國公民」。自一

九五〇年以後，猶太人在德國代表機構的名稱是「在德國的猶太人中央理事會」(Zentralrat der Juden in Deutschland)，德國不再是德國猶太人的「祖國」。

　　一九九二年十一月二日，「在德國的猶太人中央理事會」主席布比斯率團訪問德國北部海港羅斯道克。在記者招待會上，州議會內政委員會主席、基督民主聯盟黨人——史密特，他問布比斯：「你是信仰猶太宗教的德國公民，你的家鄉是以色列，對嗎？」布比斯回答：「是。」接著問：「你怎麼看巴勒斯坦人與以色列人每天發生的暴力行為？」這位議員提問的意思是：你這個信仰猶太宗教的德國猶太人，家鄉是以色列，就應該回到以色列去，留在德國幹什麼？！史密特議員公開的反猶言行，而且對象又是猶太人在德國的總代表（布比斯的家人大部分都死在奧什維茨滅絕集中營），在德國和美國紐約引起媒體圍剿。事件發生後不久，這位議員辭去本兼各職。

　　在柏林北部老城史班道有一條街，街名是「猶太人大街」(Judenstrasse)。一九三四年，納粹黨人下令改名為「金克爾大街」(Kinkelstrasse)。前幾年，對於是否要恢復原名的問題，區議會議員與當地居民爭論有數年之久。二〇〇一年達成妥協，決議維持現有街名不變。但是自從兩年前改選，自由民主黨重返區議會左右議會多數之後，要求區長恢復原名，理由是維護猶太人在老城史班道的「歷史根源」，否則不支持區長（基督民主聯盟黨人）連任。區長屈服，以行政命令定於二〇〇二年十一月一日恢復原名「猶太人大街」。在舉行簡單恢復原名儀式的這一天，「柏林猶太人協會」主席講話，不滿的當地居民觀眾叫嚷：「猶太人滾出去！」

　　在納粹統治的三十年代，在柏林西部的一個商業中心有一條馬路，名字是「特萊茨克大街」(Treitschkestrasse)。二〇〇〇年六月，該區區議會議員提議更改這條反猶太主義的馬路名稱，議而不決。基督民主聯盟黨議員

與自由民主黨議員反對，理由是：有居民不同意更改街名。另外，不能從今天的立場去評價當時的史學家（參見四／二、反猶太主義，頁145）。柏林「猶太博物館」館長，猶太人，出面發言，主張更改街名。去年，二〇〇二年十月二十一日決定更名為「庫爾特・沙拉夫大街」。沙拉夫曾是柏林基督新教的主教，這一天是他一百歲的誕辰。但是馬路名牌迄今未變。

一條反猶太主義的街名，在納粹政權垮臺五十多年之後才有人提議更名；討論了兩年之久，而且還是在猶太名人發言之後才更名成功。特萊茨克的名言：「猶太人是我們的災難！」深入人心。

上述布比斯事件以及兩條街名之爭，都發生在納粹政權垮臺五十多年之後，而且是在國強民富的民主聯邦德國。這幾件小事也許可以多多少少幫助我們認識二十年代，在內憂外患的困境中，威瑪共和時期反猶太主義的大氣候。

反猶太主義或種族的反猶太主義，都不是希特勒的發明。希特勒只是把十九世紀七十年代以來「諸子百家」的反猶語錄，匯集成書，自成一家。幾百年來基督教會培養了一塊肥沃的土地，使希特勒的反猶太主義得以生根。在二十年代威瑪共和反猶大氣候的灌溉之下，又能獲得成長、蔓延。希特勒在反猶方面的與眾不同之處是，他能夠把反猶太主義的論點，活學活用，「帶到群眾中去」。希特勒是一個「識時務」的宣傳「鼓手」，他以種族論為核心的世界觀，得到「天時、地利、人和」的有利發展條件，「血緣共同體」也解決了自十九世紀中葉以來爭論不休的「民族認同」問題。

第五章　滅絕猶太人的大屠殺

——「第三帝國」的解體

滅絕猶太人的「最後解決」，是由於希特勒以種族論為核心的世界觀、納粹黨政結構的特徵，以及在軍事、政治情勢變化下所產生的一個複雜的歷史現象。換句話說，「最後解決」不是在一個人的命令之下，一個有計畫的、有系統的一貫作業，而是經歷不同階段逐漸發展而來的。「最後解決」可以分為三個階段：

①一九三三年～一九三九年：「合法的」迫害；

②一九三九年～一九四一年：日耳曼化政策；

③一九四二年～一九四五年：「最後解決」。

一、一九三三年～一九三九年：「合法的」迫害

一九三三年三月二十八日，希特勒出任首相才兩個月，納粹黨領導下令：「於四月一日，星期六，上午準十時在全國進行反猶太人的杯葛行動。」不在猶太人商店或百貨公司買東西，不找猶太醫生看病，不請猶太律師打官司。在散發反猶傳單中指出的理由是：「猶太人在全世界利用在他們手中的新聞媒體，對再起的民族德國進行大規模的謊言攻勢。」

當時在德國有五十六萬二千猶太人，佔全國人口的 0.76%。

這個反猶太人的抵制行動搞了一個週末，未能持續下去，因為國內、國外的反應不佳，另外也擔心國外會抵制德貨，當天停止行動，暫時收斂一下，但並不就此罷休。納粹黨領導檢討錯誤，改弦更張。

早在一九一九年，希特勒就強調：「理性的反猶太主義必須要進行有計畫的、有法令的制壓和解除猶太人的特權。……這種反猶太主義的最後目標必須是堅定的根除猶太人。」一九二○年，希特勒又在納粹黨的「二十五點綱領」中明確指出：只有擁有德意志血統的人才能稱為「民族同胞」，才是「公民」，猶太人除外；只有「公民」才有權享受公民權利及擔任公職。

反猶杯葛行動發生一個星期之後，四月七日，納粹政府公佈〈恢復公職人員法〉。在歐洲各國的歷史上，這還是第一次，一個國家用政府法令推行反猶太主義，因為這個法令包括了一個重要的「亞利安人條款」。根據這個條款，「非亞利安人血統的公務人員必須馬上退休」（第三條），主要是針對猶太人法官、檢察官、教師、公務員。月底，即四月二十五日又公佈法令限制猶太人進入高等院校的人數。根據五月二十一日的〈國防軍法〉，亞利安人血統是服兵役的先決條件，非亞利安血統的人不得擔任軍職。七月十四日政府公佈撤銷歸化國籍法。這個法令規定：在威瑪共和時期（一九一八年十一月九日至一九三三年一月三十日）歸化入籍的公民，失去德國國籍。這個法令主要是針對「東歐猶太人」。納粹黨人特別重視猶太人在新聞媒體方面的影響。十月四日政府公佈〈新聞從業人員法〉。這個法令主要是根據亞利安人條款，從報界中清除猶太主筆、編輯。

自一九三三年起，在「合法的」迫害猶太人方面，納粹政府公佈了很多法令，但是最重要的還是一九三五年九月十五日制定的〈紐倫堡法令〉。為了徹底執行這個法令，政府又陸續公佈了許多有關實行細節的行政命令。

〈紐倫堡法令〉係指下面的兩個法令：

① 〈國家公民法〉：根據這個法令，具有德意志血統或同種血統的人才是德國「公民」；猶太人失去德國公民資格，也就是說，猶太人失去公民權利，沒有選舉權，不得擔任公職、從事政治活動，沒有法律保障。猶太人僅允許保有德國「國籍」，是德國「國民」。

② 〈保護德意志血統及德意志榮譽法〉：根據這個法令，禁止猶太人與具有德意志或同種血統的公民結婚（第一條），不准有兩性關係（第二條）。這是「種族恥辱」，要受嚴厲懲罰。猶太人不准僱用四十五歲以下具有德意志或同種血統的女性公民從事家務工作（第三條）。猶太人不准懸掛德國國旗（第四條）。

這兩個法令的各種規定，不是納粹黨人的創見，而有其「歷史根源」。一二一五年教宗會議已經制定了諸多類似措施。納粹黨人強調「血統」，這與「猶太母豬」說，不無內在關聯（參見：四／一、反猶大主義，頁136）。納粹黨人繼承傳統，活學活用。

由於一九三三年的反猶抵制行動及有關迫害猶太人法令的公佈，有三萬七千多猶太人移民出境。

一九三六年因為在柏林舉行世界運動會的關係，暫時停止反猶宣傳及活動。一九三七年政府規定猶太人不准考博士學位，猶太醫生不准開業。一九三八年又規定猶太律師不准開業，不准販賣武器、介紹婚姻，不准當土地經紀人、私家偵探、管理房地產，擔任導遊、護士、接生婆。以猶太人為名的馬路名稱要改名，猶太人的商店、企業要轉讓給德國人。某些休閒地區及城鎮、戲院、電影院、博物館、圖書館，猶太人不准進入。在〈紐倫堡法令〉前後，自一九三三年至一九三七年，納粹政府總共公佈了一百三十五個有關行政命令及法律，其目的是把迫害猶太人的措施「合法化」，

圖 44 慕尼黑的衝鋒隊員強迫一名猶太律師剃光頭髮，脖子上
背著大字牌，遊街示眾。字牌上寫的是：「我永遠不會再向警察投
訴。」
在文化大革命期間，黑幫分子、牛鬼蛇神要剃光頭髮，背著大字
牌遊街示眾。紅衛兵算是「後起之秀」。

把猶太人徹底排除在德國的生命共同體之外，但是還未直接觸及猶太人的
經濟生活。一九三八年三月合併奧國之後情況就不同了。

一九三八年四月二十六日公佈的行政法令規定：凡是擁有五千馬克以
上的猶太人有申報財產的義務。這是沒收猶太人財產，也是在沒收財產之
後強迫移民出境的準備措施。自一九三八年起，納粹政權的政策是強迫猶
太人移民，離開德國。但在人走之前要留下全部財產。

一九三八年七月六日，在法國日內瓦湖南邊的度假小城艾維安召開「國
際難民會議」，所謂「難民會議」就是討論各國如何收容被納粹德國迫害及

圖45　在德國北部的海港城市庫克斯哈芬 (Cuxhaven)，衝鋒隊員抓到一名「亞利安」女人，她與猶太男友有兩性關係，這是「種族恥辱」，被罰背著大字牌遊街示眾。遊街前先在納粹黨區黨部前合影「留念」。字牌上寫的是：「我是本地最下流的女人，只跟猶太人交往！」
這是一九三三年夏，在〈紐倫堡法令〉公佈之前發生的事情。
在原始照片上這個德國女人的左邊是她的猶太男友，脖子上背著的大字牌上寫的是：「我這個猶太傢伙，總是只帶德意志女孩到房間來！」
在圖片資料中心提供的這張照片上，這個「猶太傢伙」不見了。

強制移民出境的猶太人問題。這是在納粹德國合併奧國十二天之後，美國總統羅斯福主動提議召開的國際會議，有三十二個國家的代表出席，盛況空前。會議的主題是：如何支援德國及奧國猶太人移民出境。但是美國、英國及法國三強，從開始就沒有誠意收容身無分文的猶太難民──移民出境的猶太人只准攜帶十塊馬克。其他參與會議的各國代表，亦步亦趨，斷

然拒絕。這次會議是各國代表宣讀事前準備好的文字聲明，解釋如何無法收容猶太難民的堂皇理由。會議沒有結果。但對納粹德國來說，這次沒有結果的會議是一個綠色信號：對德國猶太人可以為所欲為，不必考慮國際視聽；沒人關懷猶太人的命運。

　　有些國家同意收容，但提出條件：納粹政府保證猶太移民可以攜帶部分財產。納粹黨人強迫猶太人移民出境，主要目的就是為了錢，藉此機會沒收猶太人的全部財產。根據當時納粹財政當局的估計，從「移民措施」中可獲得五十億馬克，用今天的幣值換算應為七百五十億馬克，等於三百八十多億歐元。德國要對波蘭、西方國家及蘇俄進行戰爭，打仗要錢，銀根吃緊，勒索猶太人是一條必行的路。這是一九三八～三九年納粹政權強迫猶太人移民出境的動機。但在徹底執行「移民政策」之前，發生了「十一月反猶暴行」事件。

　　一九三八年八月德國合併奧國之後，波蘭政府擔心將有兩萬多持有波蘭國籍的猶太人不願意接受納粹統治，回到波蘭。慕尼黑會議後，八月十五日，波蘭政府發出命令：凡是在國外不間斷的居留五年以上或持有在國外領事館發出護照的波蘭國民，自一九三八年十月三十一日起要有領事館的特別簽證才能進入波蘭。

　　在德國，有六萬多此類「東歐猶太人」持有波蘭護照。他們不可能在十月三十一日以前及時取得必要的簽證，德國政府也就無法把這些無國籍的「東歐猶太人」送返波蘭了。外交部在與波蘭政府交涉失敗之後，於一九三八年十月二十六日把這個案件交給祕密警察處理，要在四天之內，即在十月三十一日之前，把波蘭猶太人遣返波蘭。

　　第一批波蘭猶太人過境之後，接著於十月二十八日有一萬七千多名波蘭猶太人被遞解到波蘭邊界。波蘭方面關閉關口，不准入境。波蘭方面威

脅德國，如果繼續遣返波蘭猶太人，將對波蘭的德裔居民採取報復行動。
十月二十九日，祕密警察停止遣送行動。在停留在三不管無人地帶的難民
中，一個波蘭家庭的女兒寫信給她在巴黎的哥哥。這位猶太年輕人，十七
歲，獲悉家人處境，不滿納粹非人道的措施，於一九三八年十一月七日行
刺德國使館的一名參贊，參贊中槍重傷，九日上午不治而死。納粹黨人利
用這個星星之火，發起反猶的燎原攻勢。

　　十一月九日，宣傳部長戈貝爾正在慕尼黑主持紀念一九二三年希特勒
暴動的週年大會。晚上九點，戈貝爾獲悉駐巴黎使館一名參贊被猶太青年
槍殺的消息。十點左右，戈貝爾獲得希特勒的指示後，下令納粹黨的各級
組織馬上進行全國性的報復行動。

　　十一月九日夜十一點，柏林祕密警察第二處對全國祕密警察單位發出
四點指示「①在最短時間內，將在全國各地進行反猶太人的行動，特別是
對猶太教堂的行動，不准遭到阻擾。……②在猶太教堂內如有重要檔案，
要馬上採取措施保管。③在全國各地要逮捕大約兩萬至三萬猶太人，要做
好準備工作。這是特別挑選出來的富裕的猶太人。有關細節指示，將在今
夜發出。④在即將發生的行動時，如果發現有猶太人擁有武器，要採取嚴
屬措施。

　　自十一月九日半夜起，在全國大小城市展開反猶暴行。當夜在林巴哈
城 (Rimbach im Odenwald)，有六個二十四歲至四十一歲的大漢，闖入猶太
老夫婦魏塞爾的住宅，把兩人從床上拉起來，男人被拳打腳踢之後，乘機
逃走。這位婦女只穿一件睡衣，三個男人把她倒立，兩個人按住大腿，另
外一個人用冷水由上往下澆灌。

　　根據黨衛隊一個小組來自基爾頓 (Geldern) 的報告說：「今晨四時，首
先火燒基爾頓城的猶太教堂。猶太人的商店、住宅的玻璃打碎，然後徹底

搗毀，無法使用。」在德國北部的一個小城呂恩 (Lünen)，衝鋒隊員首先火燒猶太教堂，接著抓來一個猶太商人，拳打腳踢之後，活生生地丟入正在燃燒的火堆裡去，舉行「祭禮」。

這種無法無天的暴行，是納粹黨安排的節目。警察在現場出現，但是視若無睹。消防隊及時趕到，也是靜觀其變；只有火苗快要燒到德國人的住宅、大樓時，才開始搶救——搶救德國人的生命、財產。第二天，衝鋒隊員按照名單抓人，有三萬多名富裕的猶太人被關入集中營，如果家屬能夠提出移民出境許可，才可以獲得釋放。當天戈貝爾下令停止反猶行動。

十一月十二日，四年計畫主持人戈林召開會議，討論來自各地的調查報告：所有各地的猶太教堂不是被火燒掉，就是被搗毀（根據新的統計，全國被燒毀的猶太教堂超過一千座）；有七千五百家猶太商店被砸毀；猶太人的文化設施有一百九十一處被火燒，七十六處被砸毀；有九十一人被打死，自殺的人還未算在內；被搶劫的猶太人住宅有一百七十一家；有三萬多名富裕的猶太人被關進集中營，以備勒索。從九日到十日的夜裡，全國被砸毀了的猶太人商店及住宅玻璃的總價值估計超過數百萬馬克。也許正因為如此，十一月九日的反猶暴行稱之為「全國水晶玻璃之夜」(Reichskristallnacht)。

從字面上看，「水晶玻璃」係指砸碎猶太人商店櫥窗和住宅的玻璃。這不是納粹黨人的宣傳創見，而是當時耳語流傳的用語，間接表示反猶太人的暴力行為。一九四五年戰後，在早期的史學著作中襲用這個名詞，沒有異議。但是自七十年代開始，有些學者認為「水晶玻璃之夜」是淡化反猶的暴力行為，應該稱為「十一月咆戈勞姆 (Pogrom)」。這是一個俄文字彙的德譯，原意是「破壞」、「衝鋒」，廣義的解釋就是：十九世紀下半以及一九〇三年與一九〇五年對猶太人的暴力行為。但是一九三八年十一月九日的

反猶事件與俄國的「咆戈勞姆」不同之處是，前者不是群眾自發的反猶暴行，而是納粹黨最高領導下令進行的有計畫的，也是在德國歷史上規模最大的反猶暴行。「水晶玻璃之夜」實際上是反猶太人的「打、砸、搶、殺、燒之夜」，是「十一月反猶暴行」。

十一月反猶暴行的後果是，納粹政權加強對猶太人財產「合法的」掠奪，同時排除猶太人在經濟方面的活動。

一九三八年十一月十二日，納粹政府公佈的第一個法令是：所有因十一月九日事件而引起的清理、清潔及修膳等費用，概由猶太人負擔。具有德國國籍的猶太人從保險公司取得的損害賠償款額要全部上繳政府。第二個法令是：由於猶太人引發十一月九日事件，猶太人整體要付出十億馬克「贖罪費」。根據這個法令，政府又於十一月二十一日發出有關實行細則的行政命令：猶太人已經申報財產的百分之二十，要在一九三八年十二月十五日至一九三九年八月十五日之間分四期上繳政府。根據納粹的理論，德國以及佔領地區的全部財產都是德意志民族共同體的財產。至於猶太人，根據德國法令，不是這個共同體的成員，沒有享受這份民族財產的權利。另外，沒收猶太人的財產也是應該的，因為這是猶太人用欺騙手段得來的。十一月十二日公佈的第三個法令是：自一九三九年一月一日起，猶太人不得擁有公司、企業，或擔任領導職位。

十一月反猶暴行之後，納粹政權的政策是，先用「合法的」手段掠奪猶太人的財產，然後強迫猶太人移民出境。

一九三九年一月二十四日，「全國猶太人移民總署」成立，由祕密警察頭頭海德里負責。納粹政府鼓勵猶太人移民巴勒斯坦，阻礙移民到鄰近的西歐國家。西方國家也不願意收容這些身無分文的猶太難民，只有英國允許一萬猶太兒童背井離鄉，前往避難。一九三九年是猶太人移民達到高潮

圖 46　一九三八年十一月九日「全國水晶玻璃之夜」，慕尼黑
猶太人的百貨公司櫥窗被砸毀，市民圍睹暴行。

圖 47　在「全國水晶玻璃之夜」被砸毀的柏林商店櫥窗。

的一年，共有八萬人左右離開德國。以後逐漸減少，一九四〇年有一萬八千人，到了一九四一年只有八千多人。

一九四一年十月二十三日，納粹政府下令全面禁止猶太人移民出境。在這之前，總共有三十四萬六千名猶太人移民出境。根據一九四一年十月一日的統計，當時德國還有十六萬八千九百七十二名猶太人。

二、一九三九年～一九四一年：日耳曼化政策

攻打波蘭是希特勒征服生存空間的第一步。

一九三九年五月，希特勒對國防軍高級將領說：「但澤不是主要目標。我們的目標是擴大生存空間和保證糧食的供應。波蘭問題與西方的糾紛是分不開的，但是不能同時與英、法進行戰爭，要在適當時間進攻波蘭。捷克（慕尼黑會議）不能重演。」八月底，在德軍進攻波蘭前夕，希特勒又對國防軍將領說：「我們沒有可以輸的，只能贏。我們的經濟情況只能維持幾年，我們要採取主動。」希特勒接著指出：「我要有一個發動戰爭的藉口，不管是否有人相信。日後不會有人質問一個勝利者，他是否說了真話。」

希特勒進攻波蘭，要師出有名。黨衛隊接下了這個任務。

一九三九年八月三十一日晚八點整，有身穿波蘭軍人制服的六、七名軍人，闖入德波邊境地區一個德國城市 (Gleiwitz) 的廣播電臺。一個軍人搶去麥克風，用波蘭話說：「波蘭萬歲！現在是攻打德國的時候到了！」然後向空中放了幾槍，逃之夭夭。走廊上有一具屍體。死者是德國人，姓名是：何尼奧克 (Franciszek Honiok)，是一個從集中營找來的替死鬼，也是第二次世界大戰的第一個受難者。

第二天，九月一日上午十時，希特勒在國會發表演說：波蘭軍隊越境挑釁，「我已經決定，把德意志民族的命運再度交到他的士兵手裡。自今晨五點四十五分我們開始還擊。」實際上德軍進攻波蘭的時間是四點四十五分。

九月一日星期五，德國動員一百五十萬大軍進攻波蘭。兩天後，英、法對德宣戰。這是一種姿態，還沒有應戰能力，只有靜觀待變。九月二十七日，華沙投降。次日，〈德蘇邊界暨友好條約〉簽字，最後確認德、蘇在波蘭勢力範圍內的兩國「邊界」。十月五日，波蘭軍隊投降，陣亡官兵有十萬多人。德軍用閃電戰術，在五個星期之內就結束了波蘭戰事。

波蘭戰事結束後，十月十七日，希特勒對國防軍總司令部司令凱特闡述他的「波蘭政策」：要把波蘭建設成為一個日耳曼的樣板地區；波蘭是進攻蘇俄的跳板，因此要全力發展公路、鐵路、通訊設備，榨取一切資源，供應德國國防經濟的需要。波蘭戰事結束一星期後，十月十二日希特勒簽署了一項命令，任命黨衛隊全國領袖希姆勒出任「鞏固德意志民族特徵全國專員」(Reichskommissar für die Festigung deutschen Volkstums)，接受希特勒的直接領導，主要任務是把「民族德意志人」（參見頁170）從國外引回德國領土，根除「非我族類」的「有害分子」。希姆勒也有全權處理建立移民專區的有關問題。

為了實現日耳曼化政策，納粹政權根據〈德蘇互不侵犯條約〉及〈德蘇邊界暨友好條約〉，在佔領的波蘭西部設置了兩個併入德國版圖的行政轄區及一個佔領區行政總署：

①但澤・西普魯士行政轄區（Reichsgau Danzig ・ Westpreussen；波蘭北部）。

②瓦德蘭行政轄區（Reichsgau Wartheland，一九三九年十一月一日以

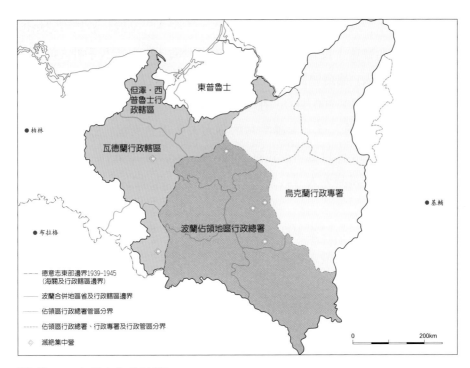

圖 48　一九三七年的波蘭

前稱：波森行政轄區；波蘭中、西部）。

③波蘭佔領地區行政總署 (Generalgouvernement für die besetzten pol-
nischen Gebiete)。自一九四〇年七月三十一日起簡化名稱為：行政
總署，下設五個行政管區：華沙、拉頓、克拉高、魯布林及加里吉
恩（Distrikt Warschau, Radom, Krakau, Lublin, Galizien；波蘭中、南
部）。

但澤・西普魯士及瓦德蘭兩個行政轄區併入德國版圖，因此要在十年
之內實現日耳曼化。日耳曼化是說，在這兩個行政轄區的德國領土之內不
能有波蘭人和猶太人，居民應該都是清一色的「德意志人」。希姆勒採取的

措施是：遷出、移入和歸化。

但澤‧西普魯士及瓦德蘭兩個行政轄區共有人口九百八十萬人；百分之八十是波蘭人，德裔居民只佔百分之十（波蘭人：7,840,000，德裔居民：1,000,000，猶太人：700,000）。在十年之內完成「日耳曼化」，就是說要有七百八十多萬波蘭人及七十萬左右的猶太人要從這兩個行政轄區被迫遷出。至一九四一年六月德軍進攻蘇俄時，在一年半多的時間，共有七十二萬波蘭人及五十萬猶太人（共為 1,220,000 人），遞解出境，送往行政總署佔領區。

至一九四一年六月德軍進攻蘇俄時，共有三十七萬德國公民及三十五萬「民族德意志人」遷入但澤‧西普魯士及瓦德蘭這兩個行政轄區，填補波蘭人及猶太人騰出來的「生存空間」。這些移民是來自波羅的海三國（立陶宛、愛沙尼亞、拉脫維亞）、比薩拉比亞及布可維那以及其他蘇俄「勢力範圍」地區的「民族德意志人」；他們不願意接受赤色統治，納粹政權也策動「回歸祖國」，完成日耳曼化。

「民族德意志人」(Volksdeutsche) 是直譯，係指當時在德國境外，特別是在東歐各國居住、具有德國國籍或德意志民族血統的德意志人，但不是德國本土的「德國公民」。在根據〈凡爾賽和約〉德國領土割讓後的這些地方，失去德國國籍的德裔居民也都是所謂「民族德意志人」。這個名詞是納粹黨人的特有用語，強調「血統」因素。

至一九四四年，共有七十七萬「民族德意志人」移民「回歸祖國」，如果加上從但澤‧西普魯士及瓦德蘭行政轄區被迫遷出的波蘭人及猶太人，可以說這是在納粹政權統治下現代歐洲的人口大遷徙。第二次世界大戰結束後，在東歐七百多萬的「德意志人」被當地政府驅逐出境，這回是真的「回歸祖國」，有一百多萬人在逃難途中死亡。

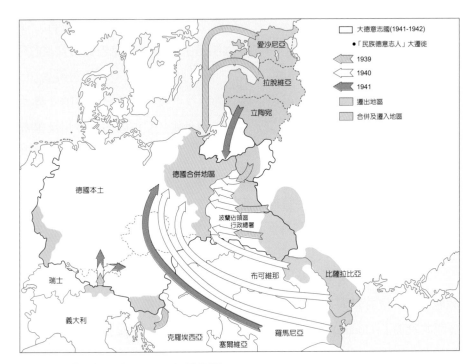

圖 49　「民族德意志人」大遷徙圖

　　至於歸化問題，通常是由黨衛隊及警察人員在清晨把波蘭農民或居民
從睡夢中拉起，毫無準備，放棄所有家產，被趕到一個廣場集中，接受黨
衛隊種族問題專業人員進行「種族特徵審查」。每一個接受審查的人都有一
張「種族卡片」，填寫二十一項特徵，如身高、眼睛及頭髮顏色，頭部、鼻
子、耳朵及嘴唇的形狀等等，並附有照片。

　　審查後，鑑定分類。第一類是可以歸化為德國人，當「二等公民」。歸
化政策是在佔領地區實行「促進增加人口繁殖的措施」之一，也是解決為
日耳曼統治者服務的勞役問題。至於有「種族價值」的少年兒童，則切斷
家庭關係，更名改姓，送往德國本土進行改造教育，成為「完美的德國人」。

通常女孩在德國家庭充當傭人，男童在農地勞動。人數在二十萬左右。第二類是身體健壯，送往德國本土充當「強制勞工」。第三類是老弱男女及「不良分子」，送往行政總署佔領區。

行政總署佔領區原來是蘇俄根據〈德蘇互不侵犯條約〉取得的「勢力範圍」。簽約後不久，史達林後悔，就用這塊地區（原波蘭的華沙州及魯布林州）換取立陶宛。因為史達林認為這塊地區是「最波蘭的」地方，難以統治。希特勒同意交換，但也不想把這塊「最波蘭的」地區併入德國版圖，因此暫時設置「行政總署」這個過渡的佔領機構。行政總署佔領區是德國的「附屬領土」，相當於一個殖民地。納粹黨人稱行政總署佔領區是波蘭的「大垃圾場」。

根據黨衛隊的報告，至一九四〇年初，在但澤‧西普魯士及瓦德蘭行政轄區已經沒有猶太人了。猶太人都集中在行政總署佔領區各地猶太人的「隔離社區」(Ghetto)。此時建立「隔離社區」還沒有上級指示。這是為了解決當前問題而想出來的權宜之計。

希特勒對行政總署總督傅蘭克說：行政總署佔領區不僅要在最短時間內徹底清除猶太人，而且也要在十年之內實現日耳曼化。至於用甚麼方法，他不過問。行政總署總督接受希特勒的直接領導。

在但澤‧西普魯士及瓦德蘭行政轄區實行的日耳曼化政策，是地區性的、臨時性的措施。當時黨衛隊佔領機構還沒有具體計畫，算是一種在基本原則下投石問路的做法。

一九三九年底，希姆勒擬妥一份備忘錄：「關於處理東部異族的幾點想法」，次年五月底定稿，主要談波蘭的日耳曼化問題。希姆勒首先指出：「我們要解決行政總署佔領區一千五百萬諸多不同民族以及八百萬東部省份人民的問題。我們可以辦到的是，實行種族過濾，就是從這一大鍋粥中挑選

出有種族價值的人，把他們送到德國進行同化。這必須是我們考慮的基礎。」
希姆勒接著強調：「在解決所有課題之中的一個基本問題就是學校問題，以
及青年人的淘汰和挑選。在東部（行政總署佔領區）的非德意志居民只准
上到小學四年級的小學。這種小學的目的是，能夠學會簡單的數字，最多
不能超過五百；能夠寫出自己的名字。教育的最高規範是：對德國人要服
從、真誠、勤勉、聽話。我認為閱讀是不必要的。除了這種小學之外，在
東部不准設立任何學校。……東部行政總署佔領區的居民，在十年之後與
從東部各省以及德國本土運來的類似異族，是此一地區的勞動人口。」最後，
希姆勒說：「至於猶太人，我希望用大規模的移民辦法，把所有的猶太人送
到非洲或是一個殖民地去。」

　　一九四○年五月二十八日，希特勒看到這份備忘錄，認為「很好，有
道理」。

　　一九四○年夏，還在德軍攻打法國勝利之前，黨衛隊及外交部的有關
單位就計畫把歐洲的猶太人遣送到馬達加斯加島 (Madagaskar) 上去，一個
為猶太人設置的「死亡保留區」。這是一個在十九世紀末及二十世紀二十年
代反猶太主義者早就提出討論過的題目，因為他們認為，人在島上，易於
看守，與世隔絕。

　　在波蘭行政總署佔領區，擠滿了來自但澤・西普魯士及瓦德蘭行政轄
區的波蘭人、猶太人；吃、住、監視、管理都是問題，黨衛隊佔領機構力
不從心，急需有效措施。把猶太人送到馬達加斯加島上去，也是一個可行
的辦法。

　　馬達加斯加島距非洲東海岸南方四百公里，在莫三鼻克的對面，佔地
587,041 平方公里，比臺灣大十六倍。自一八九六年是法國的殖民地，有居
民四百萬人。法國於一九四○年六月二十二日投降，「馬達加斯加計畫」可

以付諸實現。根據當時負責猶太人移民及遣送問題的艾希曼 (Adolf Eich-mann, 1906-1962) 的建議，在未來四年內每天運送三千人到馬達加斯加島上去。但是到了一九四〇年九月，德國對英國進行的空戰失利，失去制空權及制海權，缺少海上運輸作業的條件，不得不放棄「馬達加斯加計畫」。

根據上述，一直到一九四〇年底，納粹政權還沒有解決猶太人問題的具體方案。

在德軍進攻波蘭之後，一九三九年十月，納粹政府宣傳部開始拍製宣傳影片「永遠流浪的猶太人」(Der ewige Jude)。至一九四〇年十一月二十八日在柏林首次放映，一共用了十三個月。在影片拍製過程中，戈貝爾親自督導，一再修改。最後由希特勒批准上演。

這部宣傳影片要達到的目的是，為「猶太人問題的最後解決」進行意識形態的心理準備。影片的主題是猶太人的「非人化」；無論是「東歐猶太人」，還是在德國本土已經同化的猶太人，都不是「人」，也不是一般動物——日耳曼人喜愛動物。在影片中，猶太人與老鼠沒有區別；是有害的動物，應該消滅。影片引用音樂家華格納的一句名言：「猶太人是人類衰落的魔鬼形象。」旁白說：「影片的畫面證實了華格納名言的正確。」

影片結尾引用的另外一句名言是希特勒於一九三九年一月三十日的國會演說。這句「預言」是這部宣傳啟蒙影片的反猶靈魂，在影片中分成兩段，兩個長鏡頭：

「在猶太人問題解決之前，歐洲不會得到安靜。……」
「如果國際的猶太財團，在歐洲或歐洲以外，再度把其他民族推入一場世界大戰的話，其後果不會是這個地球的布爾什維克化和猶太民族的勝利，而是歐洲猶太種族的滅絕。」

　　關於「猶太人問題的最後解決」的大屠殺，希特勒沒有下達文字命令，但是對於負責處理猶太人問題的納粹黨人來說，無論在波蘭佔領區，還是德國本土，這部影片中希特勒的上述「預言」，在放棄「馬達加斯加計畫」（一九四〇年九月～十月）之後，可以視為「猶太人問題的最後解決」的黃色信號。

　　一九四〇年底／一九四一年初，希姆勒下令研究一個總方案，考慮在東部歐洲與烏拉爾之間已經合併和即將征服的地區實現日耳曼化政策。研擬這個計畫的負責人是國家安全總局計畫處主任、黨衛隊高幹，也是柏林大學農學系教授梅耶 (Konrad Meyer)。初稿於一九四一年中完成，經黨衛隊有關單位審閱後，梅耶教授於一九四二年五月底，用印有「柏林大學農業科學研究所」字樣的公用紙張，向希姆勒提出有名的「東進總計畫」(Generalplan Ost-Rechtliche, wirtschaftliche und räumliche Grundlage des Ostaufbaus)。這是在種族意識形態和經濟剝削的雙重考慮下，研究出來的一個長期實現東歐地區日耳曼化的計畫。

　　總計畫首先處理土地主權問題：國家擁有支配權力，黨衛隊領導享有土地主權。計畫中在東歐西部移民專區 (das Ingermanland/das Petersburger Gebiet, der Gotengau/Krim und Chersongebiet und das Memel-und Narewgebiet/Bezirk Bialystok und Westlitauen) 的農業人口是二百九十萬人，城市人口是四百三十萬人。實際需要移民的農業人口是一百八十萬，城市人口是二百二十萬。這計畫中的四百多萬移民來自德國本土、海外德裔、歐洲的「日耳曼移民」，以及在東歐佔領區歸化的異族。

　　波羅的海地區、白俄羅斯、烏克蘭等地區要在二十五年之內日耳曼化。當地的大部分斯拉夫民族（百分之八十五波蘭人、百分之六十五烏克蘭人、百分之七十五白魯提尼人－烏克蘭地區的居民，以及百分之五十捷克人），

估計有三千多萬人要在對蘇戰爭勝利後，送到西伯利亞。剩下的大約十四萬人，可以歸化，成為日耳曼移民的奴工。

在對蘇戰爭勝利結束後，擬用二十五年的時間實現這個「東進總計畫」。希姆勒認為時間過長，減為二十年。一九四二年六月十二日希姆勒批准執行。由於計畫的規模過於龐大，以及軍事失利而無法實現。但是在戰爭進行期間，這個計畫對納粹的佔領政策仍有一定的影響。

數百萬「民族德意志人」移入，數千萬斯拉夫人被迫遷出，這是史無前例的民族大遷徙。納粹黨人及專家、學者想像力之豐富，無視千百萬人的生命價值，「且令萬世之後無以復加也」。

一九四一年九月一日，黨衛隊國家安全總局主任海德里批示公佈〈關於猶太人標誌警察法令〉。根據法令第一條：在德國本土，「猶太人滿六歲以上者，在公開場合必須佩帶猶太人星章。猶太人星章有手掌大小，六角黑邊，黃地，中間寫有『猶太人』字樣，縫在外衣左胸上面。」第二條規定：「沒有當地警察的文字許可，猶太人不准擅自離開住處範圍。」

在一九三九年十一月反猶暴行之後，已有納粹黨人建議，在德國本土猶太人要佩帶特別標誌。希特勒反對，認為時間未到。一九四一年八月，德軍進攻蘇俄後兩個月，希特勒才改變立場。根據外交部德國司猶太事務處主任拉德馬赫 (Franz Rademacher, 1909–1973) 於一九四一年八月二十一日寫給上級的備忘錄說，希特勒批示海德里：在德國的猶太人要佩帶標誌。

猶太人要佩帶特殊標誌，不是納粹黨人的創見。早在一二一五年的教宗會議就明文規定：猶太男女要穿與基督教徒不同的衣服，以示有別。此後在歐洲關於標誌的種類、顏色、形狀因地而異。一五三○年及一五五一年在德意志王朝統治地區，猶太人要在衣服外面佩帶布製黃圈，亦稱「黃布補釘」。布拉格猶太人衣服的領子規定是黃色。

圖50　一九四一年九月一日，黨衛隊「國家安全總局」下令：在德國本土的猶太人滿六歲以上者，在公開場合必須佩帶猶太人星章。

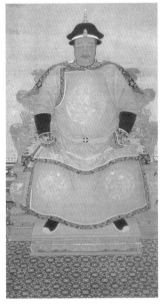

圖51　清太宗皇太極像。在中國黃色卻代表尊貴，成為帝王服飾的主色調。
出處：文化中國之旅全集，第十二冊，歷史人物之旅　p.38。

　　為什麼要用黃色？因為基督教徒以為：猶太人的宗教不允許他們穿戴活潑的、鮮艷的顏色；猶太人多半穿著黑色衣服。選用黃色也是含有侮辱猶太人的意思，從此黃色有了負面意義。在十六世紀，威尼斯的妓女被迫要穿黃色衣服、黃色高跟鞋。第一次世界大戰期間，被抓到的德國逃兵或背叛者，要在上衣外面佩帶黃色布條。

　　在中國則不同。「唐高祖武德初，用隋制，天子常服黃袍，遂禁士庶不得服，而服黃有禁自此始。」「黃袍加身」是「真命天子」的象徵。在中國一直到晚清，黃色可是至尊至上。

　　「猶太人星章」在中世紀稱為「大衛王星」。到了十九世紀是猶太人的宗教象徵。自一八九七年起它是猶太復國主義者的標誌，視「大衛王星」是「救世之星」。納粹黨人規定德國猶太人在公開場合佩帶「黃星」，不僅是對猶太人在宗教上及種族上的一種侮辱，也是一種易於監視、控制的手段；是即將遞解出境送至東部波蘭的準備措施。

　　一九四一年九月一日猶太人開始佩帶「黃星」，間接說明希特勒在解決猶太人問題政策上的基本轉變。九月十七日，希特勒決定把德國的猶太人遞解出境，送到「東部」。

　　自一九四一年十月中旬納粹政權開始實行遞解出境的所謂「疏散」措施。猶太人要嚴格遵守規定：「移民東部」只可攜帶允許的東西，住房在離開之前，要付清水、電、瓦斯費用，並交出所餘全部財產，已經贈送的或賣掉的財物要寫出受贈者或購買人的姓名與住址。

　　負責籌備遣送運輸的各級機構，由黨衛隊的國家安全總局統一指揮。中央政府的運輸部及其直屬的國家鐵路局安排車輛及運作時間。實際執行遣送工作的是祕密警察、刑事警察及公安警察。地方各級行政單位要與祕密警察密切合作、協調，保證在被遣送的猶太人之中不能有漏網之魚，另

一方面要把猶太人的財產上繳政府。至於家庭內部的傢俱、裝飾及日常用品則廉價拍賣，左右鄰居也可以從拍賣中得到些好處。房地產則由地方機構接收。皆大歡喜。

　　一九四一年十月十三日，在首都柏林，而且是在光天化日之下，把一千二百五十一名猶太人用火車運往波蘭勞茲集中營。十天後，納粹政府下令全面禁止猶太人移民出境。「猶太人問題」從此進入一個新階段。

三、一九四一年～一九四五年:「最後解決」

　　在一九四二年一月的〈萬湖會議紀錄〉中，有一個專門用語:「猶太人問題的最後解決」，翻譯成普通話就是:「滅絕猶太人的大屠殺」。納粹黨人不使用「滅絕」或「屠殺」的字眼，主要是為了對外保密，掩飾真實企圖。「最後解決」是納粹政權屠殺歐洲猶太人的一個全面性計畫。英美學者用 "Genozid" 或 "Holocaust" 來表達「最後解決」，以色列專家則使用希伯來文 "Shoa" 這個字。

　　"Genozid" 是希臘·拉丁語源（希臘語 genus: 宗族、人民; 拉丁語 caedere: 屠殺＝ Genocidium）。一九三三年，一位猶太法學家雷姆金 (Raphael Lemkin) 在馬德里召開的法學會議上宣讀的論文中，第一次使用這個字。此後這是一個在國際條約、法律條文、學術著作中廣泛使用的一個專有名詞，係指對屬於某一民族、人種或宗教團體成員進行的屠殺。

　　根據聯合國的有關公約，具有毀滅一個民族的、宗教的或人種的團體的企圖，就是 "Genozid"。根據戰後西方國家對納粹戰犯的審判，以及一九六一年以色列對艾希曼的審判，"Genozid" 這個字的意思不僅僅指違反人

圖52　柏林的猶太人都是先後從柏林的捷運車站戈魯瓦德 (Grunewald) 運走的。運輸猶太人的專用月臺臺邊石版上刻有運輸日期、人數、目的地。第一批是（照片 (a)）:「一九四一年十月十三日，一千二百五十一名猶太人從柏林運至（波蘭）勞茲」。最後一批是（照片 (b)）:「一九四五年三月二十七日，十八名猶太人從柏林運往（波蘭）德雷吉恩城」。這個捷運車站已被列入「歷史保護文物」（照片 (c)）。紀念牌牆上放滿小石頭（照片 (d)）。按照猶太人的習俗，用石頭代替鮮花悼念死者。

道的罪行和戰爭罪行，也包括了屠殺猶太人的罪行。

　　八十年代，在美國廣泛展開對二十世紀種族大屠殺的跨領域（歷史學、社會學、心理學）的比較研究。研究主題除了猶太人大屠殺之外，也包括了第一次世界大戰時期土耳其對亞美尼亞人的大屠殺、史達林的古拉格以及第三世界的種族大屠殺（柬埔寨、東帝汶、孟加拉）等等。正因為如此，有些學者反對使用這個名詞，認為所有這些大屠殺都不能跟納粹政權滅絕

猶太人的大屠殺相提並論，納粹的罪行，遠遠超出 "Genozid" 的原意。

　　"Holocaust" 這個名詞自七十年代末出現，直到今天仍為各界普遍使用。這個字也是希臘語源，已經有了兩千多年的歷史。

　　根據德國歷史學者耶克爾 (Eberhard Jäckel) 對 "Holocaust" 這個字演變過程的研究，最早的記載是希臘軍事家及史學家賽諾鋒 (Xenophon, ca. 430–354) 在他從遠征小亞細亞回程的途中，一個預言家勸他向希臘的主神宙斯燒全獸祭祀。通常只是燒獸沒用的部分，好的部分留著自己享用。賽諾鋒接受建議，次日下令燒數頭整隻乳豬，以供祭祀，並且在他於西元前四世紀寫下的著作 "Anabasis" 中記載了這次祭祀的經過，稱之為 "holokautein"。在希臘語中，"holo" 是「整體的」、「全部的」意思，至於 "kaiein" 則有「燒毀」、「燒焦」的涵義，它的動詞性形容詞就是 "kaustos"。在《聖經》中也有燒全獸祭祀的記載（希伯來文是 "ola"），但是在西元前三世紀希臘譯文的《聖經》裡則寫為 "holokaustos"。在西元四世紀末羅馬教會公認的拉丁語譯《聖經》中使用了這個「外來語」。因為拉丁文中沒有 k 這個字母，於是就改寫為 "holocaustum"。自中世紀以後，這是能讀《聖經》的人都知道的一個名詞。

　　一二五〇年，在英譯《聖經》中，第一次出現了 "holocaust" 這個字，但逐漸失去祭祀的涵義。根據一九三三年出版的《牛津大英字典》，這個字仍有「燒全獸祭祀」的意思，但是也有了廣義的解釋：大火災、大殘殺、大屠殺等等。在第二次世界大戰期間，"Holocaust" 這個字係指納粹的戰爭罪行，六十年代以後主要是指滅絕猶太人的大屠殺。有些英美學者，特別是猶太學者認為："Holocaust" 是從死難者的立場出發，是一個含有宗教意義的用語，不能用以表達此一史無前例滅絕猶太人的大屠殺。

　　一九八七年，以色列海法大學一位研究猶太歷史的女教授亞希爾寫了

一本全面討論納粹政權滅絕猶太人大屠殺的鉅著，書名就是 "Shoa"（Leni Yahil: *Die Shoa*, Überlebenskampf und Vernichtung der europäischen Juden. München 1998；美國版：1990）。"Shoa" 是希伯來文，是《舊約聖經》裡面的一個字："ha-Sho'ah"，意思是「大浩劫」、「滅亡」。在這本書中，納粹政權滅絕猶太人大屠殺的「最後解決」是一個主題，作者用了一半以上的篇幅（這本書共有 1,055 頁）敘述猶太人在這場亙古未有的歷史浩劫中所遭遇到的悲慘命運及掙扎，要永遠記住這段歷史。"Shoa" 這個字還未被普遍接受。在德國與英美史學著作以及新聞、電視媒體中通常還是使用 "Holocaust" 這個名詞，有位臺灣學者譯為「全燔祭」（羅漁，頁 60）。根據以上所述，這個名詞應該是「滅絕猶太人大屠殺」的意思。

A. 進攻蘇俄

　　一九三九年十月五日，德軍用五個星期的閃電戰術，結束了在波蘭西部「勢力範圍」的戰事。第二天，希特勒以勝利者的姿態在國會發表演說，向英國提出和平修好的呼籲。英國沒有善意的回應。於是希特勒下令在西部歐洲開闢戰場，用閃電戰術擊潰法國，造成逼使英國與德國結盟的形勢。因為希特勒認為時間對德國不利，攻俄之舉，不能拖延。在希特勒的戰略構想中，德國攻俄首先要與英國結盟，至少英國要保守中立。

　　一九四〇年四月及六月，德軍佔領丹麥、挪威。五月，荷蘭、比利時投降。六月十四日德軍佔領巴黎。德意志帝國血戰四年，未能擊敗法國，希特勒用了六個星期取得閃電勝利。

　　一九四〇年六月二十二日，希特勒下令把一九一八年十一月八日德國簽署停戰協定的火車車廂從博物館運到當年簽字的地點貢比涅，命令法方代表在希特勒的面前簽署停戰協定。法國戰事之後，希特勒被軍事將領稱

為：「有史以來最偉大的軍事家」。反對希特勒「操之過急」的軍事將領也佩服得五體投地。

七月十九日，希特勒又以勝利者的姿態發表國會演說，最後一次向英國呼籲和平修好。三天後，英國回絕。這個時候，邱吉爾已經接任首相（五月十日）。聯英無望，希特勒決定依照自己設定的目標進攻蘇俄。七月三十日，希特勒對國防軍總司令部及陸軍總司令部下達命令：於一九四一年初進攻蘇俄，以五個月的時間，用閃電戰術征服經濟上蘇俄在歐洲最重要的部分，「消滅俄國的有生力量」。

九月二十七日，德、義、日〈三國同盟〉簽字，目的是防止美國干涉在太平洋和大西洋的戰事。這個同盟條約，宣傳意義重於實質作用。十月二十八日，在墨索里尼領導下的義大利侵略希臘。並不順利。希特勒擔心英國海、陸支援希臘，英國空軍基地接近羅馬尼亞油田，若德國失去制空權，就等於失去油源（供給德國用油的一半）。一九四一年四月六日，德、義、匈三國聯合出兵，攻打南斯拉夫及希臘。四月十七日南斯拉夫投降。十天後，德軍佔領希臘首府雅典。開戰不過三週就結束了「巴爾幹戰爭」。但是，五月二十日，在希臘的克里特島上展開德英兩國在戰史上最大的空降作戰。六月一日，德軍佔領克里特島，十二天苦戰，德方死亡及失蹤的人數高達六千五百八十人，都是空降部隊的精銳戰士。德國國防軍從此不再設置空降部隊。

希特勒原定於一九四一年初發動對蘇戰爭。由於「巴爾幹戰爭」使德軍進攻蘇俄的日期延至一九四一年六月二十二日。墨索里尼惹事生非，侵略希臘，使德軍失去了攻俄的五個星期，致命的五個星期。

一九四〇年十一月十二日及十三日，在德國戰勝法國之後，蘇俄外長莫洛托夫前來柏林，訪問希特勒及外長李本特洛甫。德方提出建議：蘇俄

圖 53　一九四〇年十一月，蘇俄外長莫洛托夫前來柏林，會晤希特勒及李本特洛甫。

加入德、義、日「三國同盟」，同時簽署〈祕密附加議定書〉，協議：德國取得中部非洲，義大利取得地中海區域及東北非洲為其勢力範圍，日本在遠東擁有特殊權益。至於蘇俄，南亞及印度是其可以擴張的地區。蘇俄外長沒有說不，但是提出相對條件：蘇俄取得芬蘭及保加利亞為其勢力範圍，在土耳其海峽建立海陸基地，以及德國撤回對羅馬尼亞的安全保證。在歐洲的東北、東南及東歐中部，蘇俄也有獲得相當權益的意願。雙方會談，不歡而散。莫洛托夫返俄之後，十一月二十六日，希特勒收到史達林寄來的一份備忘錄，重複莫洛托夫的要求之外，強調如果土耳其政府拒絕俄國在其領土建立基地，德蘇兩國應採取共同行動對付土耳其。另外，波羅的海地區海峽也要討論。蘇俄的野心加強希特勒攻俄的決意。三個多星期之後，一九四〇年十二月十八日，希特勒下達命令：「至一九四一年五月十五日完成進攻蘇俄的準備」。

　　一九四一年一月九日，希特勒對國防軍將領談話，指出對蘇戰爭的國際影響：征服蘇俄，使德國控制一個廣大的空間。德國必須在經濟上和政治上徹底控制這塊地區，但是不要合併。這樣德國在未來進行洲際戰爭的時候，將會立於不敗之地。希特勒認為，在軍事上摧毀蘇俄之後，對日本在太平洋地區的擴張也有幫助，從而牽制美國，使美國不能同時涉入太平洋及大西洋的戰場。三月三十日，希特勒在對國防軍將領的另一次談話中強調：對俄戰爭與在西方戰場上的戰爭完全不同；這是一場兩個意識形態的殊死鬥爭，是「滅絕布爾什維克政委和共產主義知識分子」、「消滅布爾什維克主義的戰爭」，是前所未有的「毀滅戰爭」。

　　在「摧毀蘇俄」和「滅絕猶太布爾什維克主義」方面，希特勒不是「失道寡助」，而是得到了國防軍高級將領的普遍共識。

　　在進攻蘇俄前夕，一九四一年五月二日，第四裝甲兵團總指揮何普那將軍 (Erich Hoepner, 1886–1944)，也是日後反抗希特勒的中堅分子，在他發出的作戰命令中指出：「對俄戰爭是我們被迫進行保衛自我生存的戰爭。這就是過去進行日耳曼化對斯拉夫民族的戰爭；保衛歐洲文化，抵抗俄國人和亞洲人的泛濫，抵抗猶太人的布爾什維克主義。這場戰爭的目的就是摧毀今天的俄國，因此不能手下留情，……特別是對今天俄國布爾什維克主義的幹部，決不寬恕。」一九四一年六月中旬，在德軍進攻蘇俄的前一週，國防軍第四十八裝甲兵團司令在「每日軍令」中強調：「領袖再次徵召我們赴戰。我們的任務是擊潰紅軍，從而永遠消滅布爾什維克主義，也就是納粹主義的死敵。我們從未忘記，就是這個布爾什維克主義在（第一次世界）大戰期間，在我們國防軍的背後捅了一刀，它是使我們民族在戰後遭受一切災難的根源。」

　　一九四一年六月六日，國防軍最高統帥部根據希特勒上述三月三十日

對國防軍高級將領的談話，發出「關於處理政委的方針」。根據這個「政委指令」凡是在蘇俄戰場上俘虜的紅軍政委，不以戰俘身分處理，要就地槍決。因為這個「政委指令」違反國際公法，四個方面軍總指揮只能以口頭命令方式向下傳達。發出「政委指令」的理由是：「布爾什維克主義的影響決定了一九一八年（德軍）的崩潰，此後使德意志民族遭受一切苦難，以及在納粹運動的鬥爭中流盡鮮血，沒有一個德國人會忘記這個教訓。」

對蘇戰爭使國防軍參與了非法的屠殺暴行，對蘇戰爭也是具體實現希特勒以種族論為核心的世界觀的開始。

一九四一年六月二十二日星期天，希特勒下令進攻蘇俄。一百二十九年前（一八一二年），就在這一天拿破崙率軍攻打俄國。一年前的六月二十二日，德、法簽署停火協定。但是戰勝法國的光榮日子，一去不再復返，拿破崙的悲劇又在俄國重演。

進攻蘇俄，德國動員一百五十三個師，共三百萬人，佔全國總兵力的四分之三。六月十四日，開戰前一星期，希特勒在「領袖總指揮部」對將領們說：「我對你們的要求只有一點：用全力踢門一腳，這幢房子就會自己倒下去。」希特勒的如意算盤是，德國以三個月的時間，用閃電戰術摧毀蘇俄，即在冬天來臨之前結束攻俄戰事，因此沒有，也不必有冬季作戰的裝備——後來的歷史發展印證了「兵驕者滅」。

開戰初期，德軍進展神速，戰果豐碩。參謀總長哈爾德深信：「在十四天內可以結束對俄戰事。」十月二日，中路軍團開始進攻首都莫斯科。時值雨季，道路泥濘，行軍困難。在莫斯科北方三十公里的地方，陷入膠著狀態。就在這個時候，史達林接獲蘇俄間諜曹爾格 (Richand Sorge, 1895–1944) 來自東京的報告說：日本關東軍不會進攻蘇俄。史達林於是把駐守遠東西伯利亞的精銳部隊調回莫斯科。十二月五日，紅軍利用天寒地凍的有利條

件，展開反攻。

希特勒以三個月的時間，用閃電戰術摧毀蘇俄的攻勢計畫落空。但是「勝利無望」還不等於這個時候對蘇戰爭已經完全失敗。希特勒還有「用武之地」。

對蘇戰爭是一場「滅絕猶太布爾什維克主義」的「毀滅戰爭」。因此戰事與屠殺同時進行。

根據希特勒的指示，為了配合進攻蘇俄，進行屠殺工作，於一九四一年五月初發動攻勢之前，成立了四個「機動部隊」(Einsatzgruppen)，由黨衛隊「全國安全總局」負責人海德里領導。成員基本上來自黨衛隊、情報處及公安警察。四個機動部隊共有二千九百五十五人（下有「突擊小組」或「特別小組」，各一百二十人或一百五十人），編入四個方面軍，隨軍前進，但不受軍方指揮。機動部隊對外宣稱的任務是：負責佔領地區的安全。

德軍進攻蘇俄前，海德里以口頭方式傳達機動部隊的任務。七月二日才對機動部隊領導下達文字命令，其中第四點「處決」是：「應予處決的人員是：所有共產國際的幹部、黨的高、中、下級幹部、黨中央委員會委員及行政管區首長與管區特派員、人民委員、黨政機構的猶太人、其他激進分子（破壞者、宣傳員、冷槍手、謀殺犯、煽動者）等等。」這裡的「等等」給予機動部隊一個屠殺的自由空間。但是根據一九四一年十月十二日機動部隊的工作報告第三號（這是呈閱希特勒的定期報告），機動部隊的任務除了處決上述人員外，從開始就是屠殺所有佔領區的猶太人；先是猶太成年男人，自八月起包括婦女、兒童。機動部隊執行屠殺任務時，因為人手不夠，獲有德國預備警察大隊及當地民警的協助。有時國防軍單位也給予後勤方面的支援。

機動部隊如何屠殺猶太人？從下面的實例可以得到些許認識。

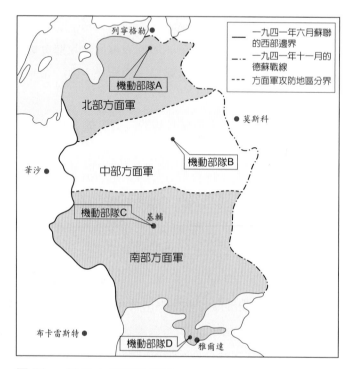

圖 54　　1941 年德軍攻俄圖

　　一九六八年十一月二十九日，西德達姆斯塔市的刑事審判法庭判決機
動部隊 c（有七百人，編入南部方面軍，活動地區是烏克蘭的南部及中部）
下屬「特別小組 4a」的七名成員四年至五年徒刑。根據判決書，「特別小組
4a」的任務是從佔領地區的居民中找出猶太人，進行屠殺。

　　一九四一年九月二十七日，特別小組 4a 在基輔（烏克蘭首府）城內張
貼兩千多張海報，同時散發傳單說：一九四一年九月二十九日（兩天後），
清晨八點以前，所有基輔城中的猶太人要到城郊 (Babi Jar) 廣場集合，準備
出發「移民」。因此每人必須攜帶個人文件、旅費及防寒衣服。猶太人信以
為真，按時前往。通往廣場的道路，由兩個預備警察大隊的隊員封鎖；只

能進，不能出。猶太人到達廣場之後，下令脫光衣服，然後趕入附近的一個深谷，用機槍射殺。這個大屠殺一直延續到第二天。根據機動部隊的報告，在這短短的兩天之內，一共屠殺了三萬三千七百七十一人，包括兒童。

自一九四一年六月到一九四二年四月，十個月的時間，機動部隊在蘇俄佔領地區一共屠殺了大約五十六萬猶太人。

機動部隊在蘇俄佔領區大量屠殺猶太人，這是「滅絕猶太布爾什維克主義」、「消滅有生力量」的「毀滅戰爭」，是具有「希特勒特色」的戰爭行為，還不是「滅絕歐洲猶太人大屠殺」的「最後解決」。

B. 萬湖會議

「猶太人問題」針對三類猶太人：第一類是蘇俄佔領地區的猶太人。如上所述，由機動部隊進行屠殺。第二類是從波蘭西部併入德國版圖的兩個行政轄區運到波蘭行政總署佔領區的波蘭猶太人以及行政總署佔領區原有的波蘭猶太人（東歐猶太人），大約有三百五十萬人。第三類是在納粹德國統治、控制、影響下的西歐及中歐國家的猶太人。這類猶太人是「最後解決」的主要對象。

一九三九年九月一日，德軍進攻波蘭。九月二十一日，海德里通知公安警察領導說，關於猶太人遞解出境的問題，希特勒已經做出決定，把猶太人運往行政總署佔領區，關進城市中的「隔離社區」。一九四〇年底放棄「馬達加斯加計畫」之後，十一月四日，希特勒又再指示：把波蘭合併地區的猶太人送入行政總署佔領區。到了一九四一年初，行政總署佔領區已有人滿之患，無法收容計畫中從德國本土、維也納及其他地區運來的大批猶太人。

一九四〇年十二月中，希特勒下令：至一九四一年五月十五日完成進

攻蘇俄的準備。希特勒深信，對蘇戰爭必勝，「勝利後」把整個歐洲的猶太人送往東部蘇俄的佔領地區。一九四一年七月十七日，行政總署總督傅蘭克對他的部下說：從現在起不再建造猶太人的「隔離社區」，因為六月十九日希特勒對他保證，最近就要把猶太人運送出境，行政總署佔領區只是「轉運收容站」。七月三十一日，在德軍開始進攻蘇俄後的一個多月，負責協調「猶太人問題」的戈林元帥委任海德里研擬「解決歐洲猶太人問題的總體方案」。所謂「總體方案」就是如何有計畫地把歐洲猶太人運往蘇俄佔領地區。這是召開「萬湖會議」(Wannseekonferenz) 的背景。

一九四一年九月中旬，正是德軍在蘇俄戰場節節勝利的時候，希特勒下令把德國本土的猶太人運往波蘭，關進「隔離社區」，不再等待「勝利後」的先決條件。背景是，希特勒要把德國猶太人用為「人質」，警告「國際的猶太財團」，阻止美國參與戰事。十月十三日，首先是柏林把一千二百五十一名猶太人運往波蘭勞茲。十天後，納粹政府下令全面禁止猶太人移民出境。至十一月初，有一萬多名德國本土的猶太人以及捷克保護國與維也納各五千猶太人運到波蘭。一九四一年運送猶太人到波蘭還不是在那裡進行屠殺，而是「過境」，因為這個時候納粹領導仍在計畫在戰勝蘇俄後，把所有歐洲猶太人運往蘇俄佔領地區。

一九四一年十二月七日，日本偷襲珍珠港。第二天，美國對日宣戰。三天以後，十二月十一日，德國及義大利對美宣戰。希特勒在歐洲進行的侵略戰爭變成了「世界大戰」。

十二月十二日，對美宣戰的第二天，希特勒在首相府對納粹黨全國領導幹部發表談話。希特勒首先提及他於一九三九年一月三十日在國會演講中的「預言」，(「如果國際的猶太財團，在歐洲或歐洲以外，再度把其他民族推入一場世界大戰的話，其後果不會是這個地球的布爾什維克化和猶太

民族的勝利，而是歐洲猶太種族的滅絕。」）強調現在世界大戰已經開始，滅絕猶太種族是必然的後果。這個血腥衝突的罪惡根源，必須連根拔除。

關於希特勒的這次談話，宣傳部長戈貝爾在第二天（十二月十三日）的日記中有扼要的記載：「關於猶太人問題，領袖決定進行清算。他已經對猶太人發出預言：如果猶太人再度策發世界大戰，他們將遭到自己的毀滅。這不是空頭支票。世界大戰已經來到了，滅絕猶太人必須是合理的後果。」十二月十六日，行政總署總督傅蘭克對他的部下發表談話說：「我們必須消滅猶太人。但是我們既不能槍殺這三百五十萬人，也不能毒死他們。我們要採取適當的措施來滅絕猶太人。」希姆勒是解決猶太人問題的總負責人，與希特勒長談之後，於十二月十八日在他的「勤務日曆」的記載是：「猶太人問題──當作游擊隊員來消滅。」這句話的意思是，加強在蘇俄佔領地區對猶太人的屠殺。對美宣戰後，希特勒關於猶太人問題的發言，還不能視為馬上「執行」滅絕歐洲猶太人大屠殺的「最後解決」，只是表示希特勒的決意：猶太人問題不能等待戰勝蘇俄後再來考慮解決辦法，現在就要研擬具體計畫。這一點可以從萬湖會議的召開得到證實。另外，對美宣戰後，用西歐猶太人做為「人質」阻止美國參與戰事的外交策略，完全失去意義，猶太人沒有任何剩餘價值。

德國對美宣戰，是希特勒不按牌理出牌，等於掛起挑戰牌，要美國前來歐洲，聯合英、俄教訓德國。德國當時沒有迎戰美國的戰力、戰備。在希特勒的戰略構想中，美國不佔有重要位置。德、美爭奪世界霸權，那是下一代的事情。一九四〇年九月，德、義、日簽署的〈三國同盟〉是一個防禦性的條約，不是攻守同盟。因此當德國進攻蘇俄時，日本袖手旁觀。另外，一九四一年四月，日本與蘇俄也簽有中立協定。正因為如此，史達林能夠把駐防遠東的西伯利亞軍隊調回，參與莫斯科的攻防戰。在道義上、

法律上，希特勒沒有義務為了支持日本而對美宣戰。在戰略上，希特勒正好可以利用日本的挑戰，在太平洋地區牽制美國。但是希特勒違反常情，對美宣戰，所為何來？

希特勒對美宣戰的動機，不是因為日本偷襲珍珠港，而是莫斯科戰役的失敗，閃電戰術的破產。德國不能打持久戰，因為無法克服地廣、人多（二億俄國人對八千萬德國人）、天時（嚴冬）及後勤的客觀條件。一九四一年十二月五日，紅軍利用天寒地凍的有利條件，從莫斯科展開反攻。第二天國防軍指揮部的「戰地日誌」有下面的記載：「當一九四一年冬季的該結局發生之後，對於領袖來說，局勢顯明：從這個頂點開始，勝利無望。」這是一九四一年十二月六日的記載。七日，日本偷襲珍珠港。四天後，希特勒對美宣戰。對美宣戰是軍事上與外交上的重大事件，希特勒沒有與國防軍將領或外交部領導提出討論。這是希特勒一個人的決定。

一九四一年十一月二十七日，在紅軍反攻前夕，莫斯科攻勢還處於膠著狀態的時候，希特勒接見丹麥外長及克羅埃西亞外長，進行一次令人深思的談話。根據官方紀錄，希特勒說：「在這一方面我也是冷酷無情的。如果德意志民族不再強大，不願犧牲，不想用自己的鮮血為自己的生存而付出全力的話，就應該消滅，讓另外一個更強大的勢力來消滅它。……我不會為這個德意志民族而傷心流淚。」

對美宣戰說明希特勒內心的轉變。既然「勝利無望」，那麼大家就在一場世界大戰中同歸於盡，包括德意志民族。一九四五年初，戰爭尾聲，希特勒確曾下令毀滅一切德國人賴以生存的資源、設備，懲罰這個「沒有出息的」德意志民族。此是後話。（參見頁 205–207）

從一九四二年起，希特勒不再公開亮相，不再發表國會演講，不再接觸群眾，不再視察前線，整天蹲在軍事指揮總部進行沒有勝利希望的戰爭。

摧毀蘇俄落空，但是對蘇戰爭還有一個目的：爭取時間，保衛空間，在東部進行滅絕猶太人的「最後解決」。

一九四一年七月三十一日，戈林元帥指示海德里及時提出解決猶太人問題的總體方案。海德里於一九四一年十一月二十九日發出通知，預定於十二月九日召開有關會議。由於珍珠港事件及對美宣戰，會議延期。

一九四二年一月二十日在柏林召開「萬湖會議」。會議由黨衛隊國家安全總局主任海德里主持。希姆勒以黨衛隊全國領袖身分列席。黨衛隊負責猶太人問題的艾希曼擔任紀錄。除上述三人外，其他出席人員是：黨衛隊三名，負責種族、移民、公安問題及黨中央代表的高幹四名；行政總署、四年計畫執行辦公室、外交部、內政部及法務部各派次長一名，共五人，以及首相辦公室、元首辦公室及佔領地區行政部各派一名官員，共三名，總計十五人。〈萬湖會議紀錄〉經過海德里在文字上數度修飾之後才發給參加會議的人員。對於局外人來說，有些詞句要加以註釋才能了解原意。

在會議上，海德里首先強調，在處理猶太人問題方面，黨衛隊握有領導權。接著指出：「現在，在事先取得領袖允許的情形下，取代移民出境的其他措施是，把猶太人疏散到東部去。」海德里把「猶太人問題」分成兩個階段解決：將來的「最後解決」和即將執行的「過渡措施」。海德里所說的「疏散」，就是「遞解出境」；「過渡措施」就是把西歐及中歐各國的猶太人遞解出境，在戰爭勝利結束後經由波蘭運往東歐佔領地區然後進入第二階段，開始執行「最後解決」。海德里提出的辦法是「勞役致死」，即把猶太人編成勞動大隊，男女分開，「有工作能力的送來造路，毫無疑問地有大部分人會自然減少」。至於「還能活下來的人，肯定是最有抵抗力的人，必須要給予適當的處理，以期防止這些人是猶太人再起的繁殖細胞」。這是紀錄的官方語言，翻譯成普通話就是滅絕猶太人的大屠殺。「勞役致死」只是「最

後解決」的方法之一。直接屠殺也在計畫之內。這一點會議紀錄沒有明白寫出，但是根據艾希曼一九六一年在耶路撒冷審判的答辯，當年在萬湖會議上，與會人員公開討論了屠殺的有效方法。根據海德里的「總體方案」，滅絕歐洲猶太人「最後解決」的總人數是一千一百萬人。

有些學者認為，萬湖會議決定了滅絕歐洲猶太人的大屠殺。從〈萬湖會議紀錄〉來看，不能肯定此一論點。海德里強調在領袖希特勒允許的情形下，把猶太人「疏散」到東部去。換句話說，這個時候，希特勒及納粹領導還堅持在戰後把猶太人運往東部佔領地區的想法。海德里在會議上提出的「歐洲猶太人問題最後解決的總體方案」是根據希特勒的意思研擬的。因此，與會人士一致同意。萬湖會議的任務是，黨衛隊在「總體方案」的基礎上，取得國家機構的協調與合作，把一千一百萬歐洲猶太人「疏散」到東部去，進行「最後解決」。經過萬湖會議以後，滅絕歐洲猶太人的大屠殺不再是黨衛隊的特殊任務，而是納粹德國的國家政策。

C. 滅絕猶太人

一九四一年秋，把猶太人運往波蘭行政總署佔領區及建造「滅絕集中營」是同時進行的。

行政總署為了解決「人滿之患」的問題，也是為從德國本土運來的猶太人騰出「生存空間」，開始在滅絕集中營屠殺沒有工作能力的猶太人。一直到一九四二年五月以前，在行政總署佔領區及其周圍地區展開了地方性的大屠殺。這是地方領導各自為政的「單幹」，還不是納粹領導有計畫的屠殺行動。

一九四二年三月十六日，在波蘭行政總署佔領區開始「萊哈德行動」。這是納粹黨人的一個祕語，係指在希姆勒授命下對行政總署佔領區的波蘭

猶太人進行大屠殺。這個行動繼續到一九四三年十月十九日，一共屠殺了一百六十五萬波蘭猶太人。在「萊哈德行動」開始的時候，戈貝爾在一九四二年三月二十七日的日記中有下面的記述：「我們對猶太人進行了懲罰行動。這種做法是野蠻的，但對猶太人來說，是罪有應得。希特勒提出在一次新的世界大戰發生時的預言。這個預言現在非常可怕的實現了。對於這種事情不能感應脆弱。如果我們不進行抵抗，猶太人就會消滅我們。這是亞利安種族與猶太毒菌的殊死鬥爭。除了納粹政權以外，沒有一個政府或政權有力量徹底解決這個問題。在這一方面，領袖是不懈的先鋒，也是主張採取斷然措施的倡導者。這種措施適應客觀局勢，因而不可避免。」參與「萊哈德行動」的主要人員是執行「安樂死計畫」具有豐富屠殺經驗的專業人員，他們開始使用毒瓦斯進行屠殺。「萊哈德行動」主要是屠殺波蘭佔領地區的波蘭猶太人，還不是「滅絕歐洲猶太人」的「最後解決」。一九四二年六月以後情況不同了。

　　從一九四二年二月起，英國開始轟炸德國的城市如呂貝克及羅斯道克，造成平民的重大傷亡。五月三十日及三十一日，英國動員一千架轟炸機空襲歷史名城科隆。

　　從一九四二年四月二十五日至五月二日，在這七天之中，希姆勒與海德里在柏林、慕尼黑及布拉格會晤七次。在與海德里會晤之前（四月二十三日）及會晤之後（五月三日）希姆勒與希特勒長談兩次。在希姆勒的「勤務日曆」中，他沒有記載談話的內容。但是從六月以後諸多事件的發展來看，希特勒在這兩次長談中，對於「歐洲猶太人問題」的「最後解決」做出了決定。換句話說，希特勒放棄萬湖會議把歐洲猶太人在戰勝蘇俄後送往東部佔領地區的「總體方案」。戰勝蘇俄的希望渺茫，在沒有空襲威脅的東部波蘭地區及時進行「最後解決」，是為上策。時間對德國不利。就在這

個時候，一九四二年五月二十七日，海德里在布拉格被刺重傷，六月四日不治死亡。在葬禮結束時，希姆勒對黨衛隊高級幹部說：「我們一定會在一年之內完成猶太人的民族遷徙，此後不會再有一個猶太人了。」

五月底，希姆勒下令把德國本土的猶太人運往波蘭。七月以後，加緊從西歐各國運送猶太人到波蘭。這些德國及西歐猶太人不再關進「隔離社區」待命「疏散」，而是直接送進滅絕集中營。一九四二年六月，奧什維茨滅絕集中營二號建造完成，開始使用。希姆勒於七月十七日視察整個屠殺過程，甚表滿意，下令擴建，改進設備。七月十九日，希姆勒指示，除少數例外，行政總署佔領區的猶太人要在年底以前完全滅絕。

一九四二年七月以後，把猶太人從西歐及中歐國家運到波蘭，是德國與同盟國家或佔領地區「自治政府」交涉的主要題目。

自一九四一年十月起，黨衛隊在波蘭行政總署佔領區及其周圍一共建造了六個滅絕集中營：希姆諾、貝茨克、索比包、曼達克、特布林卡及奧什維茨二號 (Vernichtungslager Chelmno, Belzec, Sobibor, Majdank, Treblinka, Auschwitz-Birkenau II)。其中奧什維茨滅絕集中營最大，也最具代表性。

在世界史上，除了納粹德國之外，還沒有一個政權、一個意識形態，在短短的四年之內，給另外一個民族——猶太人，帶來如此悲痛的浩劫。「奧什維茨」是「滅絕猶太人大屠殺」的同義語，是德國納粹政權滔天罪行的象徵，也是德國歷史上永遠無法抹去的一個污點。

在奧什維茨有三個集中營：

奧什維茨集中營本營，一號 (Auschwitz, Stammlager, I)；

奧什維茨滅絕集中營，二號 (Auschwitz-Birkenau, II)；

奧什維茨勞役集中營，三號 (Auschwitz-Mononitz, III)。

奧什維茨在波蘭境內，接近上史雷吉恩工業區。一九三九年九月德軍

圖 55　在德國本土及波蘭各地的集中營入口的大門上，可以看到三個德文大字：「ARBEIT MACHT FREI」（勞動使人自由）。這個標語給人一種錯覺：在集中營從事勞動，還可以活下來。其實，它的真正意思是：「從勞動中獲得解救」──死亡。
納粹黨人認為，猶太人是「寄生動物」，不勞動，也怕勞動；「不勞動，就不應該有飯吃！」猶太人的老弱、婦女、兒童在抵達滅絕集中營之後，馬上送進毒瓦斯室，進行屠殺。至於身體健壯的猶太人則留下勞動。「勞動」的主要意義不是造路修橋、從事生產或是「勞動改造」，而是一種「毀滅性的勞動」，用勞動加飢餓的手段慢慢處死這些猶太人。

佔領後，併入德國版圖。奧什維茨在行政總署佔領區首府克拉高西南六十公里。

　　一九四〇年四月二十七日，黨衛隊全國領袖希姆勒下令建造奧什維茨集中營（本營，一號），用來囚禁波蘭的反抗分子、知識分子、不良分子以及波蘭與蘇俄戰俘。一個月後建成使用。

圖 56　一九四四年六月，匈牙利的猶太婦女抵達奧什維茨
集中營，剃光頭髮後在廣場集合，聽候指示。

　　一九四一年十月八日，希姆勒下令建造最大的「滅絕集中營」（二號），
計畫中的容量是二十萬人。下面申述。

　　一九四二年五月三十一日，建造完成「奧什維茨勞役集中營」（三號），
是集中營中最大的「勞役」集中營。這是「德意志染料工業利益集團」(In-
teressengemeinschaft der deutschen Farbenindustrie AG/IG-Farben) 建造的
「合成橡膠」(Buna-Werk) 工廠。這個「利益集團」選擇奧什維茨的考慮是，
這裡水、煤俱備，有鐵路運輸條件，而且沒有遭受空襲的威脅。最重要的
是，這裡有來自集中營供應不斷的廉價勞工。到了戰爭末期，「勞役集中營
三號」一共有三百三十四個工廠，三十三萬三千多勞工。這個「利益集團」
與奧什維茨集中營黨衛隊領導取得協議：來自集中營的專業勞工每天得四
塊馬克，助手勞工每天三塊馬克（包括運輸及伙食費用），由「利益集團」
支付。這是一筆無本的賺錢生意。

　　奧什維茨，在一九三九年底是一個僅有一萬二千人的小鎮，居民的半數是猶太人，另一半是波蘭人，只有六十一名「民族德意志人」。奧什維茨是在窮鄉僻壤中的一個小鎮，最後成為「歐洲猶太人的墓地」，是因為希姆勒「獨具慧眼」，認為這裡與外界隔絕，容易掩飾屠殺暴行。另外，奧什維茨地處東西歐洲中間，且有鐵路運輸的條件。

　　一九四一年九月及十月，波蘭行政總署佔領區這個「大垃圾場」擠滿了來自合併地區的猶太人，約有二百五十萬人。這個時候，行政總署佔領區已經開始屠殺「隔離社區」的猶太人，一則是解決人滿之患的問題，另外也是騰出「生存空間」給從德國本土運來的猶太人。屠殺的主要方法是槍殺，挖坑埋屍或在坑中燒屍。只有奧什維茨一號有一個傳統式的小型焚化爐；但效果不好，處理過程太慢。一九四一年夏，希姆勒視察奧什維茨集中營，非常不滿。他指出：晚上看到奧什維茨的火光衝天，焚燒屍體的味道在數里之外就可以聞到，必須改進。

　　當時黨衛隊從四百多名參加「安樂死計畫」的人員中，選出九十六名有經驗的屠殺專家，前來行政總署佔領區試用行動瓦斯卡車屠殺猶太人；結果事倍功半，效果不佳。希姆勒認為，大量消滅猶太人，不能用槍殺解決。另外，槍殺婦女、兒童，對執行任務的黨衛隊人也有心理負擔，最好在集中營內使用瓦斯。

　　一九四一年九月三日，在「奧什維茨集中營本營一號」第一次使用 Zyklon B 屠殺六百紅軍戰俘及二百五十個猶太病號。Zyklon B 原是含氫氰酸的除蟲劑，製成結晶體，裝入罐頭盒。使用時打開罐蓋，由毒瓦斯室房頂的通風口放入。氫氰酸晶體接觸空氣後，即變成無色氣體，使人呼吸困難，窒息而死。一般稱為「毒瓦斯」屠殺，從一九四二年六月起，是在奧什維茨滅絕集中營屠殺猶太人的主要方法。經過這次實驗以後，黨衛隊認

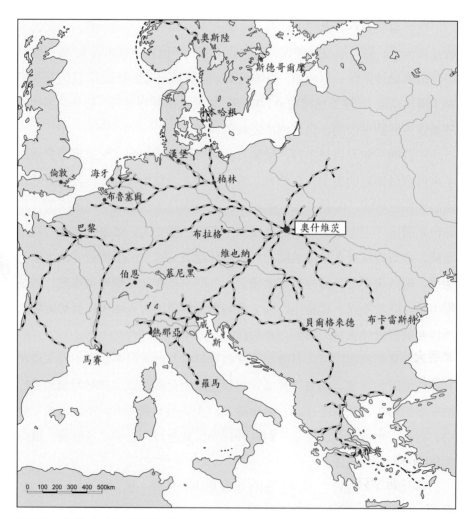

圖57　條條大路通奧什維茨

為可行，於一九四二年二月底指定艾爾福特的陶布孚公司 (Erfurter Brenn-
ofenfirma J.A. Topf & Söhne) 建造大型瓦斯室及高性能的焚化爐。一九四三
年初完工，開始使用。

在屠殺猶太人逐漸進入高潮的時期，自一九四一年五月至一九四三年底，黨衛隊高幹何斯 (Rudolf Höss, 1900–1947) 擔任奧什維茨集中營營長。根據何斯在法庭審判的口供，在奧什維茨屠殺猶太人的情形如下：首先是受難者的分類，被囚禁的猶太人從兩個黨衛隊的醫生身邊走過，醫生決定：有工作能力的人送進集中營，其他老弱、婦女、兒童馬上送進瓦斯室屠殺。何斯說，奧什維茨與特布林卡滅絕集中營不同之處是，掩飾良好，免去很多額外麻煩；受難者沒有反抗地進入瓦斯室，相信這是「清除虱子的沐浴」。在「沐浴」之前，要先交出鈔票、貴重物品，「暫時保管」。衣服要交出「消毒」，赤身裸體進入瓦斯室。三至十五分鐘後就聽不見喊叫聲音，開門取出屍體。大多數的屍體由於血、屎粘在一起，要由猶太人囚犯組成的特別小組用鐵鉤把屍體拉開，再從屍體的手指上取下金戒指，從口中拿出金牙，然後才把屍體運到焚化爐。屍灰則丟在附近的河、沼裡。

在奧什維茨一共屠殺了多少猶太人？沒有確切的數字，因為很多受難者從火車下來就直接送進瓦斯室，沒有辦理登記手續。何斯估計，在奧什維茨用毒瓦斯或其他方法屠殺了二百五十萬人，另有五十萬人死於飢餓、疾病，共約三百萬人。這三百萬人佔奧什維茨集中營囚禁人數的 70% 至 80%。但是根據戰後專家的研究，在奧什維茨集中營「至少」屠殺了一百一十萬人。

這些數字只能道出大屠殺的部分規模，無法表達受難者所遭遇的悲慘命運。對於從滅絕集中營、勞役集中營中九死一生活過來的猶太人及其他受難者來說，更是終生無法擺脫折磨的回憶和心靈深處無法療癒的創傷。

一九九三年夏，在莫斯科中央國家檔案館發現了一卷文件，是一九四六年三月初蘇俄紅軍審訊負責建造「奧什維茨滅絕集中營」各項屠殺設備的三名德國工程師的口供紀錄。這三個人都是陶布孚公司的工作人員：

①普呂弗 (Kurt Prüfer)：建造焚化爐的技術顧問，納粹黨員。

②單德 (Fritz Sander)：焚化爐設計師。

③舒爾茲 (Karl Schultze)：負責改良瓦斯室的通風設備。

根據口供，單德於一九四二年十一月完成焚化爐的設計工作，自鳴得意，向柏林的專利局申請專利。黨衛隊有關單位聞訊震怒，勒令退回申請。因為屠殺猶太人是國家機密，申請專利等於向全世界提出納粹德國屠殺猶太人的有力證據。新設計的焚化爐除了提高焚化屍體的性能外，特別的是根據工廠傳送帶的原理，把屍體不停的直接送到焚化爐。因此有「死亡工廠」之說。根據設計，五個焚化館共有四十六個焚化爐，在二十四小時不斷運作的情形下，可以焚燒四千七百五十六具屍體，平均每小時一百九十八具屍體。瓦斯室是八公尺寬、二十公尺長、二公尺六十公分高。房頂有四個四角形的開口 (25×25cm)。通風設備是把瓦斯室內的毒氣吸出，放入新鮮空氣。改進的通風設備是埋在牆內，從室內、室外都看不見。

審訊軍官問：滅絕集中營屠殺無辜之人，「你們這些人為何效力?」

普呂弗與舒爾茲說：與公司有合同義務，對國家也有盡義務的責任。單德則強調：身為德國工程師有責任把自己的專業知識貢獻給國家，一如飛機工程師，在戰時要設計戰鬥機、轟炸機；這些也是用來殺人的。

從上述三名死不悔改的德國工程師的口供來看，滅絕猶太人不是希特勒的「單幹」。有數不清的各路「幫兇」，「共襄盛舉」。

為什麼在德國會有那麼多的「普通德國人」「自願地」充當「幫兇」?

一九九六年三月，美國一位年輕的學者高哈根（猶太人），把他在哈佛大學撰寫的博士論文發表，馬上成為暢銷書 (Daniel J. Goldhagen: *Hitler's Willing Executioners-Ordinary Germans and the Holocaust*, New York 1996)。德文譯本於八月問世，震動德國。因為高哈根對於「為什麼會發生滅絕猶

太人大屠殺」這個複雜的歷史問題，提出一個簡單明瞭的答案：具有「德意志特色」的「滅絕的反猶太主義」。

根據高哈根的分析，在德國進入十九世紀之後，宗教的反猶太主義蛻變而為種族的反猶太主義。這時還停留在理論上消滅猶太人的階段。到了二十世紀，「滅絕猶太民族」的思想，深入德國人的文化生活及政治生活，是構成「德意志文化的主要因素」，是德國人的「民族方案」。這個具有「德意志特色」的反猶太主義，使德國離開了文明民族的共同體，從而不能與當時的歐美國家相提並論。換言之，自十九世紀以來，具有德意志特色的反猶太主義不可避免地要走上滅絕猶太民族大屠殺的道路。沒有希特勒，沒有納粹政權，滅絕的反猶太主義不會成為政策，但是如果沒有那些「普通德國人」「自願地」充當「劊子手」，這個滅絕猶太民族的大屠殺，也不會徹底實現。

高哈根的結論，把當年的「普通德國人」與希特勒、黨衛隊等同起來，等於對整個德國人說：「就是你，不要賴！」當時，即一九九六年，英國的 “*Spectator*” 發表一篇評論說：高哈根的書「引起第二次紐倫堡審判。這次的被告是整個德國民族」。

高哈根的論點，使納粹年代的過來人難以接受。德國學者也攻擊這個「荒謬的」論點。有些學者認為：

①高哈根在書中對少數的「劊子手」與絕大多數的德國人不加區別；張口「德國人」，閉口「德國人」，偏見太深。

②不了解在極權統治下德國人逆來順受的處境。

③以少數的實例得出普遍性的結論，說：這就是德國人的民族性格！非學術之作。

④德國人當時沒有反抗，是因為德國人不知道有「滅絕集中營」和「滅

絕猶太人大屠殺」這種事情。

德國學者與英、美專家一致認為：確實有數不清的「普通德國人」「自願地」直接或間接地參與滅絕猶太人的大屠殺。至於這些「普通德國人」參與的動機是什麼？各家說法不一。

美國一位研究滅絕猶太人大屠殺的學者布勞寧，拒絕高哈根的一元因果論——「滅絕的反猶太主義」(Browning: *Ganz normale Männer*, S. 249–292)。他認為用多元因果說來解釋是必要的：意識形態、文化背景以及黨政組織和環境條件的因素，還有人的素質等等都應該深入研究；僅僅從德國人對猶太人的特殊態度來解釋「參與動機」是不夠的。布勞寧進而指出：被納粹屠殺的受害者不完全都是猶太人，參與屠殺猶太人的劊子手也不都是清一色的德國人，也有外國「幫兇」。

德國學者也持有類似的看法，認為反猶太主義的偏見、納粹主義的世界觀、絕對服從的傳統以及特殊的屠殺環境（沒有人關心猶太人的命運，更談不上拔刀相助；戰事惡化也加速屠殺猶太人的進行與激化）等等都發生了「串連」作用。

莫斯科戰役失敗後，一九四二年夏德軍反攻，頗有斬獲。接著於八月十九日，德軍第六兵團進攻史達林格勒。不久，二十五萬德軍被紅軍包圍。開戰三個月，十一月十九日，第一次大雪之後，紅軍又是利用天寒地凍的有利條件展開反攻。第六兵團總指揮鮑羅斯將軍 (Friedrich Paulus, 1890–1957) 請示希特勒同意突圍。希特勒下令堅守陣地，不准投降。一九四三年一月三十一日，在最後關頭，希特勒晉封鮑羅斯將軍為陸軍元帥。因為希特勒相信，德國的「元帥」是不會向敵人投降的。第三天，二月二日，敗兵之將鮑羅斯率領殘軍九萬人向紅軍投降。戰後只有六千人活著回來。

「史達林格勒」這個地名決定了這場戰役的悲劇性格。希特勒志在必

得，不惜任何代價。史達林是寸土必爭，誓死抗戰到底。但是德軍用閃電戰術進攻失敗之後，後勤不繼，又沒有冬季作戰裝備；兵無鬥志，陷入絕境。第六兵團每天需要五百噸糧食、汽油及彈藥，但是第六兵團沒有一天能夠得到供應的數量。史達林格勒戰役慘敗，對蘇戰事走下坡路，對德國來說是大勢已去。但是自一九四三年起，猶太人大屠殺卻進入高潮。

一九四三年一月二十四日，美國總統羅斯福與英國首相邱吉爾在摩洛哥的港口城市卡薩布蘭加會晤，決定在歐洲進行戰爭的目的是德國的「無條件投降」。換句話說，不停火、不議和；不是軍事的，而是德國國家整體的「無條件投降」，也就是「第三帝國」的解體。希特勒堅持「三不主義」：不停火、不議和、不投降——死路一條。

一九四四年六月六日，盟軍在諾曼地登陸，在西線展開攻勢。六月二十二日，在德軍進攻蘇俄第三週年的這一天，紅軍開始總反攻。到了七月八日，不到一個月，德軍戰死及被俘的人數高達三十五萬人，敗局已定。就在這個時候，國防軍的部分高級軍官計畫暗殺希特勒，但是「七月二十日」(Zwanzigster Juli 1944) 的暗殺行動失敗，也沒有動搖希特勒的統治地位。十一月，希姆勒下令停止在奧什維茨用毒瓦斯進行屠殺。年底，黨衛隊開始毀滅屠殺設備。

一九四五年一月三十日納粹掌權十二週年，希特勒發表廣播演說，要求全體軍民為了對抗「亞洲的布爾什維克主義」的威脅，苦戰到底。三月十五日，負責戰時經濟，也是希特勒的親信史培爾 (Albert Speer, 1905–1981)，在一份給希特勒的備忘錄中指出：失去魯爾工業區之後，國防工業已經無法繼續支持進行戰爭。他建議為了維持日後的生存，必須保留剩餘的經濟基礎。四天後，三月十九日，希特勒下達「領袖命令」——德國學者稱之為「尼羅命令」(Nero-Befehl):「毀滅所有在全國境內敵人可以馬上

或在短期內用於他們繼續進行戰爭之軍事的交通、資訊、工業與供應設備以及重要物資。」希特勒解釋說：一個在生存鬥爭中敗下來的民族沒有繼續活下去的理由。德意志民族證明是懦弱的，未來是屬於比德國人還要強大的東方民族。經過這次戰爭剩下來的都是渣滓，優秀的德國人都已經死光了。

希特勒要這個「沒有出息的」德意志民族跟他同歸於盡。

一九四五年四月三十日，下午三點三十分左右（當時紅軍正集中火力攻打國會大廈，這個征服柏林的最後一個據點。），希特勒在首相府下面的「地下領袖指揮部」服毒，同時舉槍自殺（關於希特勒的自殺，有不同的說法）。

在一九二五～二六年發表的《我的鬥爭》書中，希特勒指出：內政的課題是，實現「納粹主義一體化」。外交的任務是，恢復主權，尋找盟友，為擴張政策創造有利條件。國家不是目的，而是為了追求另外一個更高理念的手段——德意志「民族共同體」。國家的責任是保障這個「民族共同體」取得相應的資源與土地。對德意志民族來說，就是征服蘇俄在歐洲部分的「生存空間」。

除了「生存空間」的鬥爭之外，還有種族鬥爭；不是白種人對黑人或黃種人的鬥爭，而是亞利安種族對「猶太毒菌」的殊死鬥爭。這是為人類而戰的神聖任務。生存鬥爭與種族鬥爭本來是兩回事。可是希特勒用猶太人把兩者聯繫起來：猶太人是布爾什維克主義的老祖宗，布爾什維克主義要控制世界，因此必須「滅絕猶太布爾什維克主義」——滅絕猶太人。

在希特勒統治的最後四年，從一九四一年六月進攻蘇俄，征服「生存空間」開始，希特勒在軍事及外交方面一錯再錯，但是致命的錯誤還是滅絕猶太人。「滅絕猶太人」的念頭像一個魔箍，套在希特勒的頭上，身不由

己，誓不罷休，最後使自己舉槍自盡，也給「第三帝國」，這個「千年帝國」帶來了解體的命運。

納粹政權屠殺歐洲猶太人的數字

比利時 (Belgien): 28,500

丹麥 (Dänemark): 116

德意志國 (Deutsches Reich): 165,000

愛沙尼亞 (Estland): 1,000

法國 (Frankreich): 76,100

希臘 (Griechenland): 59,200

義大利 (Italien): 6,500

南斯拉夫 (Jugoslawien): 60–65,000

拉脫維亞 (Lettland): 67,000

立陶宛 (Litauen): 220,000

盧森堡 (Luxemburg): 1,200

荷蘭 (Niederlande): 102,000

挪威 (Norwegen): 760

奧地利 (Österreich): 65,500

波蘭 (Polen): 3,000,000

羅馬尼亞 (Rumänien): 270,000

蘇聯 (Sowjetunion): 1,000,000

捷克斯洛伐克 (Tschechoslowakei): 260,000

匈牙利 (Ungarn): 200,000

資料來源：*Holocaust, Der nationalsozialistische Völkermord und die Mo-*

tive seiner Erinnerung, herausgegeben von Burkhard Asmuss im Auftrag des Deutschen Historischen Museum(s), Berlin 2002, S. 105.

引用及參考書目

外文部分：

Aly, Götz:"*Endlösung*", *Völkerverschiebung und der Mord an den europäischen Juden*, Frankfurt a.M. 1995.

Backes, Uwe u.a.: *Reichstagsbrand-Aufklärung einer historischen Legende*, München 1986.

Bahar, Alexander/Kugel, Wilfried: *Der Reichstagsbrand*, Wie Geschichte gemacht wird. Berlin 2000.

Bajohr, Frank: *Parvenüs und Profiteure*, Korruption in der NS-Zeit, Frankfurt a.M. 2001.

Benz, Wolfgang: *Die Juden in Deutschland 1933–1945*, Leben unter nationalsozialistischer Herrschaft, München 1988.

Benz, Wolfgang: *Herrschaft und Gesellschaft im nationalsozialistischen Staat*, Studien zur Struktur-und Mentalitätsgeschichte, Frankfurt a.M. 1990.

Benz, Wolfgang: *Geschichte des Dritten Reiches*, München 2000.

Bienert, Walther: *Martin Luther und die Juden*, Ein Quellenbuch mit zeitgenössischen Illustrationen, mit Einführungen und Erklärungen, Frankfurt a.M. 1982.

Bracher, Karl Dietrich: *Die deutsche Diktatur*, Entstehung, Struktur, Folgen des Nationalsozialismus, Köln 1993.

Bracher, Karl Dietrich/Funke, Manfred/Jacobsen, Hans-Adolf (Hrsg.): *Deutschland 1933–1945*, Neue Studien zur nationalsozialistischen Herrschaft, 2. ergänzte Auflage. Bonn 1993.

Broszat, Martin: *Der Nationalsozialismus*, Weltanschauung, Programm und Wirklichkeit, Stuttgart 1961.

Broszat, Martin: *Konzentrationslager, Kommissarbefehl, Judenverfolgung*, in: Hans Buchheim u.a.: *Anatomie des SS-Staates*, Bd. 2, Olten und Freiburg im Breisgau 1965.

Broszat, Martin: *Die Machtergreifung*, Der Aufstieg der NSDAP und die Zerstörung der Weimarer Republik, München 1984.

Broszat, Martin: *Das Dritte Reich im Überblick*, Chronik, Ereignisse, Zusammenhänge, München 1989.

Browning, Christopher R.: *Ganz normale Männer*, Das Reserve-Polizeibataillon 101 und die 《Endlösung》 in Polen, Hamburg 1999.

Browning, Christopher R.: *Judenmord*, NS-Politik, Zwangsarbeit und das Verhalten der Täter, Frankfurt a.M. 2001.

Brückner, Wolfgang: 《*Arbeit macht frei*》, Herkunft und Hintergrund der KZ-Devise, Opladen 1998.

Buchheim, Hans: *Das Dritte Reich*, Grundlagen und politische Entwicklung, München 1959.

Buchheim, Hans: *Die SS-Das Herrschaftsinstrument*, Befehl und Gehorsam, Olten und Freiburg im Breisgau 1965.

Buchholz, Wolfhard: *Die nationalsozialistische Gemeinschaft* "*Kraft durch Freude*", Freizeitgestaltung und Arbeiterschaft im Dritten Reich (Dissertation), München 1976.

Craig, Gordon A.: *Über die Deutschen*, München 1984.

Darstellungen und Quellen zur Geschichte von Auschwitz, herausgegeben vom Institut für Zeitgeschichte, 4 Bde, München 2000.

Der Dienstkalender Heinrich Himmlers 1941/42, Hrsg. von Peter Witte u.a. Hamburg 1999.

Domarus, Max (Hrsg.): *Hitler-Reden und Proklamationen 1932–1945*, kommentiert von einem deutschen Zeitgenossen, 5 Bde. Leonberg 1988.

Enzyklopädie des Holocaust, Die Verfolgung und Ermordung der europäischen Juden, 3 Bde. Hauptherausgeber: Israel Gutman, Hrsg. von Eberhard Jäkkel, Peter Longerich und Julius H. Schoeps, Berlin 1993.

Enzyklopädie des Nationalsozialismus, herausgegeben von Wolfgang Benz, Hermann Graml und Hermann Weiss, München 1997.

Fest, Joachim C.: *Hitler*, Eine Biographie, Frankfurt a.M. 1973.

Fest, Joachim C.: *Der Untergang*, Hitler und das Ende des Dritten Reiches, Eine historische Skizze, Berlin 2002

Finkelstein, Norman G.: *Die Holocaust-Industrie*, Wie das Leiden der Juden ausgebeutet wird, München 2001.

Fischer, Fritz: *Griff nach der Weltmacht*, Die Kriegszielpolitik des kaiserlichen Deutschland 1914/18, Düsseldorf 2000.

Frei, Norbert: *Der Führerstaat*, Nationalsozialistische Herrschaft 1933–1945, München 1987.

Friedländer, Saul: *Das Dritte Reich und die Juden*, Die Jahre der Verfolgung 1933–1939, München 1998.

Gellately, Robert: *Die Gestapo und die deutsche Gesellschaft*, Die Durchsetzung der Rassenpolitik 1933–1945, Paderborn 1993.

Gellately, Robert: *Hingeschaut und weggesehen*, Hitler und sein Volk, Stuttgart 2002.

Goldhagen, Daniel Jonah: *Hitlers willige Vollstrecker*, Ganz gewöhnliche Deutsche und der Holocaust, Berlin 1996.

Goldhagen, Daniel Jonah: *Die katholische Kirche und der Holocaust*, Berlin 2002.

Graml, Hermann: *Reichskristallnacht*, Antisemitismus und Judenverfolgung im Dritten Reich, München 1988.

Graml, Hermann: *Europas Weg in den Krieg*, Hitler und die Mächte 1939, München 1990.

Das grosse Lexikon des Dritten Reiches, herausgegeben von Christian Zentner und Friedemann Bedürftig, München 1985.

Der grosse Ploetz, Auszug aus der Geschichte von den Anfängen bis zur Gegenwart, Würzburg 1991.

Haffner, Sebastian: *Von Bismarck zu Hitler*, Ein Rückblick, München 1987.

Haffner, Sebastian: *Anmerkungen zu Hitler*, Frankfurt a.M. 1988.

Haffner, Sebastian: *Der Teufelspakt*, Die deutsch-russischen Beziehungen vom Ersten zum Zweiten Weltkrieg. Zürich 1989.

Handbuch zur Geschichte der Juden in Europa, herausgegeben von Kotowski, Elke-Vera u.a. 2 Bde. Darmstadt 2001.

Hass, Gerhart: *23. August 1939*, Der Hitler-Stalin-Pakt, Dokumentation, Berlin 1990.

Höhne, Heinz: *Der Orden unter dem Totenkopf*, Die Geschichte der SS. Gütersloh 1967.

Herbert, Ulrich (Hrsg.): *Nationalsozialistische Vernichtungspolitik 1939–1945*, Neue Forschungen und Kontroversen, Frankfurt a.M. 1998.

Hilberg, Raul: *Die Vernichtung der europäischen Juden*, Die Gesamtgeschichte des Holocaust, 3 Bde. Frankfurt a.M. 1990.

Hildebrand, Klaus: *Das Dritte Reich*, München 1987.

Hillgruber, Andreas: *Hitlers Strategie*, Politik und Kriegführung 1940–1941, 3. Aufl. Bonn 1993

Hitler, Adolf: *Mein Kampf*, Zwei Bände in einem Band, ungekürzte Ausgabe, Erster Band: Eine Abrechnung, zweiter Band: Die nationalsozialistische Bewegung, 107.–111. Auflage, München 1934.

Hitler, Sämtliche Aufzeichnungen 1905–1924, herausgegeben von Eberhard Jäckel und Axel Kuhn, Stuttgart 1980.

Hitler, Reden, Schriften, Anordnungen, Februar 1925 - Januar 1933, herausgegeben vom Institut für Zeitgeschichte, Bd. 1, München 1992.

Holocaust, Der nationalsozialistische Völkermord und die Motive seiner Erinnerung, herausgegeben von Burkhard Asmuss im Auftrag des Deutschen Historischen Museum(s), Berlin 2002.

Hornshøj–Møller, Stig: 《*Der ewige Jude*》, Quellenkritische Analyse eines antisemitischen Propagandafilms, Göttingen 1995.

Jäckel, Eberhard: *Hitlers Weltanschauung*, Entwurf einer Herrschaft, Erweiterte und überarbeitete Neuausgabe, Stuttgart 1981.

Jäckel, Eberhard: *Hitlers Herrschaft*, Vollzug einer Weltanschauung, 3. Auflage, Stuttgart 1991.

Kershaw, Ian: *Der Hitler-Mythos*, Führerkult und Volksmeinung, Stuttgart 1999.

Kershaw, Ian: *Der SS-Staat*, Geschichtsinterpretation und Kontroversen im Überblick, Hamburg 1999.

Kershaw, Ian: *Hitler, 1889–1936*, Stuttgart 1998.

Kershaw, Ian: *Hitler, 1936–1945*, Stuttgart 2000.

Knopp, Guido: *Hitler-Eine Bilanz*, Berlin 1995.

Knopp, Guido: *Hitlers Helfer*, München 1996.

Kogon, Eugen u.a. (Hrsg.): *Nationalsozialistische Massentötung durch Giftgas*, Eine Dokumentation, Frankfurt a.M. 1997.

Lexikon der deutschen Geschichte, Personen, Ereignisse, Institutionen, herausgegeben von Gerhard Taddey, Stuttgart 1983.

Longerich, Peter: *Politik der Vernichtung*, Eine Gesamtdarstellung der nationalsozialistischen Judenverfolgung, München 1998.

Longerich, Peter: *Der ungeschriebene Befehl*, Hitler und der Weg zur "Endlösung", München 2001.

Maser, Werner: *Der Wortbruch*, Hitler, Stalin und der Zweite Weltkrieg, München 1994.

Nipperdey, Thomas: *Gesellschaft, Kultur, Theorie*, Gesammelte Aufsätze zur neueren Geschichte, Göttingen 1976.

Nipperdey, Thomas: *Nachdenken über die deutsche Geschichte*, München 1990.

Recker, Marie-Luise: *Die Aussenpolitik des Dritten Reiches*, München 1990.

Rissmann, Michael: *Hitlers Gott*, Vorsehungsglaube und Sendungsbewusstsein des deutschen Diktators, Zürich/München 2001.

Ruck, Michael: *Bibliographie zum Nationalsozialismus*, 2 Bde. und 1 CD-ROM, Darmstadt 2000.

Thamer, Hans-Ulrich: *Verführung und Gewalt*, Deutschland 1933–1945, Berlin 1986.

Die tödliche Utopie, Bilder, Texte, Dokumente, Daten zum Dritten Reich, herausgegeben von Volker Dahm u.a., München 2001

Tyrell, Albrecht: *Vom "Trommler" zum "Führer"*, Der Wandel von Hitlers Selbstverständnis zwischen 1919–1924 und die Entwicklung der NSDAP, München 1975.

Werth, Christoph H.: *Sozialismus und Nation*, Die deutsche Ideologiediskussion zwischen 1918 und 1945, Opladen 1996.

Wollstein, Günter (Hrsg.): *Quellen zur deutschen Innenpolitik 1933–1939*, Darmstadt 2001.

Yahil, Leni: *Die Shoah*, Überlebenskampf und Vernichtung der europäischen Juden, München 1998.

Zehnpfennig, Barbara: *Hitlers MEIN KAMPF*, Eine Interpretation (Habil.-Schr., 1998), München 2000.

Zentner, Kurt: *Illustrierte Geschichte des Dritten Reiches*, München 1966.

中文部分：

王琪，〈第三帝國時代兩大基督教會與納粹政權之間的衝突〉，《西洋史集刊》，第七期，民國八十六年十二月，頁 122–165。

王琪，〈納粹主義運動下的猶太人政策〉，《西洋史集刊》，第四期，民國八十一年十二月，頁 54–125。

吳友法，《二十世紀德國史》，臺北：志一出版社，1995。

吳友法，《冒險、失敗與崛起——二十世紀德意志史》，武漢大學出版社，1992。

孫治本，〈暴力史與意識形態——從兩項納粹暴力說起〉，《當代》，第一五一期，二〇〇〇年三月一日，頁 24–33。

郭少棠，《德國現代化新論——權利與自由》，臺北：商務印書館，民國八十二年。

關數質，〈希特勒上臺後之德國形勢〉。《外交月報》，第二卷第六期，一九三三年六月十五日，頁 1–19。

羅漁，〈回顧奧斯維茲滅絕營〉，《歷史月刊》，一九九五年八月號，頁 60–68。

饒宗頤，〈說屮——青海陶符試釋之一〉，《明報月刊》，一九九〇年十月號，頁 46–51。

授權照片來源

Archiv für Kunst und Geschichte, Berlin: 封面，3, 5, 9, 11, 12, 13, 15, 34, 38, 39, 40, 42, 44, 45, 56.

Bildarchiv Preussischer Kulturbesitz, Berlin: 10, 23, 25, 26, 27, 28, 29, 31, 32, 43, 46.

Deutsches Historisches Museum－Bildarchiv, Berlin: 1, 2, 6, 7, 8, 14, 16, 17, 18, 19, 20, 21, 22, 33, 35, 41, 47, 50, 53.

Kuo Heng－yü, Berlin: 4, 24, 52 (a.b.c.d.), 55.

文化中國之旅全集，第十二冊，歷史人物之旅：51。

附錄:《戰地琴人》與德國人

郭恒鈺

今年第七十五屆奧斯卡獎,*The Pianist*《鋼琴演奏家》,本地譯為《戰地琴人》獲得「最佳導演」、「最佳男主角」及「最佳改編劇本」三項大獎。頒獎的第二天,臺北一家日報報導:「波蘭斯基導演的新作《戰地琴人》根據自己童年在波蘭集中營的生活經驗,拍出了政治迫害人性,只有藝術能夠穿透人性的崇高主題。」

這項報導是一個誤解。這部影片與導演波蘭斯基的「童年」以及「波蘭集中營」毫無關聯。在影片中可以看到砲火衝天、激烈巷戰的場面,但與「戰地」也扯不上任何關係。

這部影片敘述一個「真實故事」:主人翁波蘭華沙廣播電臺有名的鋼琴演奏家史匹曼 (Wladyslaw Szpilman, 1911–2000),波蘭猶太人,在德國納粹佔領波蘭期間 (1939–1945),在「華沙猶太人隔離社區」(Warschauer Ghetto) 九死一生的悲慘遭遇。

人性尊嚴的一絲光輝

一九四六年,史匹曼在波蘭發表了他的回憶錄:《劫後餘生》。這是當時經過波蘭官方檢查後的御用版本;書中的德國救命恩人,一位德國軍官,變成了「奧地利人」。因為波蘭官方認為,德國人沒有好人。在蘇聯解體後的大氣候下,史匹曼在德國重新出版他的回憶錄,同時更名為:*Der Pianist*《鋼琴演奏家》。波蘭斯基九歲時從波蘭克拉高

的猶太人隔離社區逃出，到處流浪。當他三年前看完這本回憶錄之後，深受感動，認為這是拍製華沙猶太人隔離社區悲慘命運的最佳題材。在與著者史匹曼洽談劇情之後，他委託哈伍德 (Ronald Harwood) 改編劇本，要突出「琴人」史匹曼在納粹暴政下，死裡求生的悲慘遭遇。「最佳男主角」布洛迪扮演這個忍受侮辱、折磨的音樂家；在逃出隔離社區之後，東躲西藏，從失去家人、工作、住房、安全、溫暖、朋友到人的尊嚴，在孤獨與飢餓的煎熬下，已經接近精神崩潰的邊緣。影片中的「琴人」形象逼真，無懈可擊。至於影片中的其他人物都是對話不多的「配角」，唯一的例外是一位德國軍官。

在一幢空蕩的小樓房裡，這個飢寒交迫的「琴人」碰上了一位德國軍官，也是納粹黨員。出人意料，這位握有生殺予奪特權的德國軍人沒有鞭打，甚至馬上槍殺這個逃亡的猶太人。當這位軍官知道「琴人」曾是「鋼琴演奏家」之後，叫他當場彈奏。在這決定生死的緊要關頭，「琴人」彈奏的竟是在波蘭佔領地區禁止演奏的蕭邦作品 ——〈夜想曲〉(Chopin—Nocturne)。在優美琴聲的緊張氣氛中，觀眾屏息待「變」。又是出人意料，這位軍官協助「琴人」藏身屋頂，並且及時供應食物，一直到德軍撤退。臨別時，這位軍官問了「琴人」姓名，但是「琴人」沒有回問，因為他擔心萬一被抓，在刑求之下會說出救命恩人的姓名。一九五二年，這位德國軍官死在蘇聯紅軍俘虜營。他是德國國防軍陸軍上尉霍森費爾德 (Wilm Hosenfeld)，是「琴人」絕望世界裡的一絲光芒，它也照亮了在血腥暴政下「一息尚存」的點滴人性。在《猶太教典》中有一句話：「誰救了一個人的生命，誰就拯救了整個世界。」

「飢餓致死」是納粹的佔領政策

在這部影片中不時出現年月日期的字幕，係指與影片內容有關的歷史事件：華沙猶太人隔離社區的設立、隔離社區暴動、遞解出境屠殺以及華沙「鄉土軍」暴動。

一九三九年九月一日，希特勒下令進攻波蘭。德軍用閃電戰術，在五個星期之內就結束了波蘭戰事，佔領波蘭領土的西半部（東半部是蘇聯的勢力範圍）。德國佔領當局實行「日耳曼化政策」，一年後，影片上的字幕是：一九四〇年十月三十一日，首先在華沙設立「猶太人隔離社區」，用一道長達十八公里的圍牆，劃清界限。所有華沙的三十六萬猶太人都要遷入「隔離社區」，不准出入，「琴人」全家也不例外。「琴人」自己在一家餐館彈奏鋼琴，賣藝為生。在「隔離社區」的猶太人每天所能獲得的熱量只有一百八十一卡路里，是一個德國人每天獲得配給食物熱量的百分之八。「飢餓致死」是納粹當局的佔領政策。為了求生，猶太人 —— 多半是兒童，冒著生命危險，走私食物。悲劇不斷上演。影片中「隔離社區」的日常生活、人物、服裝、氣氛，忠於原著，景象真實，可以視為文獻紀錄片。

自一九四二年春天開始，波蘭佔領區的納粹當局，每天從華沙猶太人隔離社區運走一千多人，送往附近的滅絕集中營進行屠殺。對外宣稱是：「移民東部，從事勞動。」銀幕上打出的日期是：一九四二年八月十六日。這一天，華沙隔離社區的猶太人，包括「琴人」全家，被塞入鐵路運輸貨車運往滅絕集中營。「琴人」自己被一位舊交波蘭輔助警察從人群中揪出，沒有走上死亡之路。

德國人不想再談屠殺猶太人的話題

　　到了一九四二年底／四三年初，華沙猶太人隔離社區還有七萬多人，大多數是二、三十歲的年輕人。他們不想任人宰割，寧願進行「沒有希望的抵抗」，「帶著人的尊嚴死去」。銀幕上打出的字幕是：一九四三年四月十九日。從這一天開始，華沙猶太人隔離社區的七百五十多人，組成二十二個戰鬥小組，為了抵抗納粹佔領當局遞解出境的屠殺措施，進行暴動，持續三個星期之久。五月十六日，納粹鎮暴小組報告說：「華沙猶太人隔離社區有五萬六千人投降，其中有七千人就地槍決，二萬二千人直接運往附近的滅絕集中營。其餘的人送往其他各地集中營或滅絕集中營。華沙猶太人隔離社區已不復存在。」暴動前，「琴人」充當強制勞工。暴動後，在友人協助下，各處藏身避難。

　　一九四四年八月一日至十月二日，波蘭的「鄉土軍」為了配合蘇聯紅軍的攻勢，解放波蘭，進行「華沙暴動」。但是史達林下令按兵不動，借刀殺人，要使納粹軍隊有足夠的時間消滅波蘭的武裝隊伍「鄉土軍」。六十三天後，有一萬五千「鄉土軍」官兵投降，受難者多達二十萬人。希特勒下令，把華沙「夷為平地」。影片中的「戰地」是隔離社區的圍牆內外，「琴人」藏身之處。史匹曼又一次劫後餘生，而且還遇到了貴人 —— 一位德國軍官。

　　波蘭斯基導演的這部《戰地琴人》榮獲奧斯卡三項大獎，也奪得去年法國坎城影展的金欄獎。去年十月底，《戰地琴人》在柏林首映。導演波蘭斯基攜男主角布洛迪及「德國軍官」科瑞奇曼隨片登臺。從馬路邊到影院入口的走道上鋪了紅色地毯，歡迎貴賓。波蘭斯基在德國所能獲得到的「殊榮」，如此而已。今天的大多數德國人，不想再多

談有關屠殺猶太人這個題目或再多看這類影片。

　　在古今中外的歷史上,除了納粹德國之外,還沒有一個政權、一個意識形態,在短短的四年之內 (1941-1945),給另外一個民族 ── 猶太人帶來如此悲痛的浩劫。「滅絕猶太人的大屠殺」是納粹政權的滔天罪行,不論願意與否,這是德國歷史上永遠無法抹去的一個污點。

(原刊於 2003 年 6 月 20 日《聯合報》副刊)

《戰地琴人》與蕭邦

陳彥仁

　　拜讀郭恆鈺先生六月二十日於貴報副刊發表〈戰地琴人與德國人〉一文，其詳盡史實背景介紹令筆者獲益良多，惟文中部分與事實不符，冀藉此提出說明：郭先生在「人性尊嚴的一絲光輝」一段中提到影片主角史匹曼 (Szpilman) 遇上德國軍官，軍官得知他是鋼琴師後叫他彈奏一曲，主角隨即演奏了蕭邦作品〈夜想曲〉(Chopin─Nocturne)。實際上，主角當時所演奏曲目，並非〈夜想曲〉，而是蕭邦受到波蘭愛國詩人吉米惟茲的作品啟示而作的四首敘事曲 (Ballade) 中的第一首 (No. 1 Op. 23 in G Minor)，該首樂曲乃是敘述立陶宛王子遭受敵人處決的故事，軍官是內行人（軍官即是為了彈鋼琴，才會獨自在夜裡跑到主角藏身的廢棄建築內），當下聽出主角意欲表達的弦外之音，頗感惺惺相惜，這才起了救他的念頭。而導演波蘭斯基在這段關鍵戲中，巧妙的讓一絲月光透入室內，由主角上方映射而下，使得正在彈琴的史匹曼更像是樂曲中的王子：身陷敵營的落難貴族 ── 縱使外形落魄憔悴，仍掩不住透過藝術表現出的人性尊嚴 ── 那刻，兩個分屬不同世界、立場敵對的人，經由蕭邦的音符而起了共鳴；軍官的眼神、表情，都清楚的表現出他深受感動，對於他幫助主角的動機，也才有了合理的解釋。以前述觀點來解讀這段戲，則部分媒體在介紹《戰地琴人》時，將主角彈奏蕭邦樂曲僅為證明自己是鋼琴師，而得到德軍軍官的救助的說法，其實是有待商榷的。

（原刊於 2003 年 6 月 28 日《聯合報》：「回應與挑戰」）

——作者答覆:《戰地琴人》補正

郭恒鈺

　　陳彥仁先生在六月二十八日聯副「回應與挑戰」的投書中,對《《戰地琴人》與德國人》(刊見六月二十日聯副)提出「部分與事實不符」的「指正」,也對,也不對。

　　在影片中,「琴人」在德國軍官面前演奏的,不是蕭邦的〈夜想曲〉,是「敘事曲」四首的第一首。這個「指正」是對的。但是接著陳先生指出:「該首樂曲乃是敘述立陶宛王子遭受敵人處決的故事,軍官是內行人,……當下聽出主角意欲表達的弦外之音,頗感惺惺相惜,這才起了救他的念頭。……對於他幫助主角的動機,也才有了合理的解釋。」這個「解釋」是一個「大膽的假設」。

　　「琴人」史匹曼回憶錄的最後一節,即第十八節的標題就是:〈夜想曲〉("18 Nocturne cis-Moll")。在回憶錄的這一節中,「琴人」史匹曼說,他當時在德國軍官面前演奏的是蕭邦的〈夜想曲〉(Wladyslaw Szpilman: *Der Pianist*. Mein wunderbares Überleben. München 2002. S. / 頁 173)。

　　在回憶錄的「附錄」部分,刊有這位德國軍官的部分日記。從日記的記述中,可以找出這位軍官救助「琴人」的「合理的解釋」。另外,被這位德國軍官救助過的人,不止是「惺惺相惜」的「鋼琴師」這一個猶太人;也有其他猶太人和波蘭人。

　　　　　　　　　　　　(原刊於 2003 年 7 月 31 日《聯合報》副刊)

索　引

一　劃

二　劃

三　劃

四　劃

五　劃

六　劃

八　劃

九　劃

十二劃

十三劃

十四劃

十五劃

十九劃

二十劃

聚焦德國‧放眼世界

◎ 德意志帝國史話   郭恒鈺 著

　　1871年建立的「德意志帝國」，實際上是「小德意志方案」──大普魯士的實現。本書闡述普魯士形成的歷史過程和普魯士「非德意志」的特徵，剖析在普魯士統治下，爭取統一、自由的「三月革命」失敗的前因後果；最後刻畫這個在砲火中建立的帝國，又如何在砲火中走向崩潰之路。

◎ 德意志共和國史話 (1918-1933)   郭恒鈺 著

　　威瑪共和末期，一小撮呼風喚雨的政客確信：共和政體是一切禍亂的根源。而意想不到的戰爭失敗、強大帝國的突然解體、凡爾賽和約的屈辱條件，加上對威瑪共和議會民主體制的懷疑，使戰後的德國人民切切期望「強人」出現，雪恥強國，重振國威。這樣的歷程最後終於出現希特勒用「合法手段」取得政權的契機。

◎ 德國在那裏？（政治‧經濟）── 聯邦德國四十年
◎ 德國在那裏？（文化‧統一）── 聯邦德國四十年

郭恒鈺 等著

　　九十年代剛開始，兩德的快速統一就為時代寫下一個驚嘆號，德國的成功經驗不僅開展了東西方關係的新路，也給當時其他尚處於分裂狀態國家一個新的典範。本書是對德國成功經驗的總回顧，有系統的討論聯邦德國政治、文化、經濟、教育、制度各方面的發展與實況，目的在於使讀者更對此一事件有全面而充分的了解。

◎ 統一後的德國　　　　　　　　　　　郭恒鈺 主編

　　兩德統一是「從天上掉下來的」，是一場「和平革命」，是兩個完全不同的政經體制重新整合。本書介紹統一後的德國遭遇到的諸多問題：「西德經驗」值得借鑑，「德國模式」難以移植。

◎ 德國問題與歐洲秩序　　　　　彭滂沱 著

　　本書以「德國問題」的本質為經，以歐洲秩序的變化為緯，探索1871年至1991年之間德國與歐洲安全體系的關係。先介紹德國的歷史背景，再說明德國於第二次大戰後的對外關係，最後闡述1945年來的東西德關係及1990年德國統一的前因後果，期以歐洲歷史的規律、地緣政治的格局，以及經濟關係的演化，研析「德國問題」的變與不變。

◎ 現代西洋外交史──兩次世界大戰時期　　楊逢泰 著

　　本書以第一次世界大戰前的歐洲局勢為出發，從外交上的角力，看戰爭爆發的必然性。戰爭帶來的災害，成為人們的夢魘，因此兩次大戰結束，都曾建立國際性的組織，期望以外交方式解決國際紛爭，消弭戰火。人類面臨新穎的世界，有悲觀的看法，也有樂觀的態度，如何進入一個沒有戰爭的時代，成為一個莊嚴、偉大和責無旁貸的任務和挑戰。

◎ 東歐諸國史 (當代完備版)　　　李邁先 著

　　前美國總統雷根在1980年訪問西柏林時，曾赴象徵「光明與黑暗」、「自由與奴役」的柏林圍牆參觀，並指出「共黨政權將被拋入歷史的灰燼之中」。1989年東歐變天，1991年蘇聯瓦解，雷根此語成為先見之明的不朽名言。本書除了為讀者介紹東歐諸國的重要史實外，對於當代東歐諸國之變遷亦有深入描述。

◎ 俄羅斯史－謎樣的國度　　周雪舫　編著

　　俄羅斯為何有能力以第三羅馬自居？俄羅斯為何得以成為世界上領土最大的國家，在二十世紀後半期與山姆大叔分庭抗禮？且讓本書為您盡數這隻北方大熊的成長奮鬥史。

◎ 匈牙利史：一個來自於亞洲的民族　　周力行　編著

　　北匈奴在竇憲的追擊下，是「逃亡不知所在」？抑或成為導致蠻族入侵歐洲的「匈人」？匈牙利人是否真的是匈奴人的後裔？這一連串的問題，且讓本書告訴您答案。

◎ 德國史—中歐強權的起伏　　周惠民　編著

　　自統一建國到主導歐洲外交，甚而挑起世界大戰，在近現代的歐洲舞臺，德國絕對是凝聚焦點的主角。在一次次的蟄伏和崛起中，顯現超凡的毅力與韌性，且讓我們為您介紹這一個如鋼鐵般的強權。